U0502568

持续创新

可复制的
亚马逊创新方程式

[日]谷敏行 ——— 著 **李永丽** ——— 译

中国科学技术出版社
·北 京·

AMAZON MECHANISM INNOVATION RYOSAN NO HOTEISHIKI by Toshiyuki Tani
Copyright © 2021 by Toshiyuki Tani
All rights reserved
Originally published in Japan by Nikkei Business Publications, Inc.
Simplified Chinese translation rights arranged with Nikkei Business Publications, Inc.
through Shanghai To-Asia Culture Co., Ltd.

北京市版权局著作权合同登记　图字：01-2022-2448。

图书在版编目（CIP）数据

持续创新：可复制的亚马逊创新方程式 /（日）谷
敏行著；李永丽译 . — 北京：中国科学技术出版社，
2023.5
ISBN 978-7-5046-9986-2

Ⅰ . ①持… Ⅱ . ①谷… ②李… Ⅲ . ①电子商务—商
业企业管理—美国 Ⅳ . ① F737.124.6

中国国家版本馆 CIP 数据核字（2023）第 038105 号

策划编辑	申永刚　戚琨琨　王碧玉	责任编辑	韩沫言
封面设计	马筱琨	版式设计	蚂蚁设计
责任校对	吕传新	责任印制	李晓霖

出　　版	中国科学技术出版社
发　　行	中国科学技术出版社有限公司发行部
地　　址	北京市海淀区中关村南大街 16 号
邮　　编	100081
发行电话	010-62173865
传　　真	010-62173081
网　　址	http://www.cspbooks.com.cn

开　　本	880mm×1230mm　1/32
字　　数	190 千字
印　　张	10
版　　次	2023 年 5 月第 1 版
印　　次	2023 年 5 月第 1 次印刷
印　　刷	北京盛通印刷股份有限公司
书　　号	ISBN 978-7-5046-9986-2/F・1110
定　　价	79.00 元

本书目的在于

将"亚马逊有组织地连续进行创新的机制"

即

"亚马逊创新机制"

（Amazon Innovation Mechanism）

系统化拆分为日本企业可复制的形式，

以供参考。

亚马逊的

"创新方程式"

简单表达如下：

详细拆分阐释图解见下页。

亚马逊创新机制

实现优于风险企业的创新条件

第3章

为公司内创业者盘活大企业规模的机制和做法

负责破坏性创新的"S团队"及"S团队目标"

管理干部是开创新事业的"经验源"

乐于吸收新技术与新能力

兼顾"数据"与"判断"

"乘法"收购

风险创业者环境

大企业规模

大企业陷阱

绝佳创新环境

持续改进机制

在公司内部一直强调创新的重要性

带 * 部分通过重复以达到强调效果。

前言

索尼技术人员的难题答案在亚马逊

2013—2019年，我任职于亚马逊日本公司，我在负责运作既有业务的同时，还负责过新业务的开展。这期间，熟识的日本企业人员经常会问我以下几个问题。

"亚马逊的创新为什么层出不穷？"

"如何进行创新？"

"这些方法是否适用于日本企业？"

对于日本企业来说，上述问题都可归结于同一个原因。那就是长期以来，企业的发展驱动力逐渐枯竭，或将失去未来，所以现在必须设法创造新的增长点。

不仅是经营者，还有技术、策划、营销、行政等各职能部门成员，都在为这一共同问题而倍感焦虑吧。

找撰写本书，系统分析"亚马逊创新机制"的动机正是为了解答这个问题。

说"亚马逊是一家创新公司"，或许会有人感觉不适。

　　他们对亚马逊"零售业破坏者"的印象根深蒂固：亚马逊依仗强大的资本力量，将传统零售业数字化，它是靠规模效应野蛮生长起来的企业——有这种想法的人应该不在少数。

　　但是，亚马逊从线上图书销售开启了电子商务之旅，其后不只是单纯增加商品类目，还进行了大量的业态创新。

　　2006年启动的亚马逊云科技（Amazon Web Services，简称AWS）项目便是其中的典型代表。这项云计算服务业务发展迅速，已占亚马逊总营收利润的大约六成[①]。这是一项全新的事业，它无法简单依靠拓展电子商务业务实现，是不折不扣的"破坏性创新"。

　　亚马逊开启的创新型业务不胜枚举，主要内容如下述年表（表1）所示。

表1　亚马逊创新年表——亚马逊新业务精选

开始年份	服务产品	内容
1998	互联网电影资料库（Internet Movie Database，简称IMDb）	电影数据服务（收购成立于1990年的公司）

[①] 根据亚马逊2020年度报告（amazon annual report 2020）计算，亚马逊云科技项目盈利额占亚马逊总盈利额的比例为：2019年63.3%，2020年59.1%。2020年受新冠肺炎疫情影响，电子商务部门发展较快，导致亚马逊云科技部门占比有所下降。

开始年份	服务产品	内容
2005	亚马逊金牌服务（Amazon Prime）	快速送货 收费会员制
2006	亚马逊物流（Fulillment by Amazon，简称 FBA）	为虚拟商业街"亚马逊销售市场（Amazon Marketplace）"平台的商家提供库存管理、结算、终端配送等基础设施服务
	亚马逊云科技（Amazon Web Services，简称 AWS）	云计算服务
	亚马逊流媒体平台（Amazon Prime Video）	动画流媒体播放和租赁
2007	亚马逊生鲜服务（Amazon Fresh）	会员制生鲜食品销售
	亚马逊支付（Amazon Pay）	线上支付服务
	亚马逊音乐（Amazon Music）	音乐下载及播放
	电子书阅读器	电子书下载、阅读服务及电子书阅读器销售
2008	亚马逊有声书（Audible）	有声书销售（收购成立于 1995 年的公司）
2010	亚马逊工作室（Amazon Studios）	影视作品制作
2011	亚马逊储物柜（Amazon Locker）	快递储存柜 可指定第三方储物柜为收货地址

续表

开始年份	服务产品	内容
2012	亚马逊机器人（Amazon Robotics）	制造仓储机器人实现仓储物流自动化、高效化 [收购成立于 2003 年的基瓦系统（Kiva Systems）]
2014	老鼠台（Twitch）	游戏直播平台（收购 2011 年创业的服务平台）
	亚马逊火棒（Fire TV Stick）	流媒体播放设备
	亚历克萨（Alexa）	语音识别人工智能（AI）
	回声（ECHO）	智能音箱，搭载语音识别人工智能"亚历克萨"
2015	亚马逊发明家计划（Amazon Launchpad）	初创企业扶持项目
2018	亚马逊无人超市（Amazon Go）	无人收银便利店
2019	亚马逊智能眼镜（Amazon Echo Frames）	智能眼镜，搭配语音识别人工智能"亚历克萨"
	亚马逊送货机器人（Amazon Scout）	自动行驶送货机器人，试运行中
2020	亚马逊无人杂货店（Amazon Go Grocery）	无人收银零售杂货店
	亚马逊一号（Amazon One）	非接触式支付服务掌纹识别系统
	亚马逊智能购物车（Amazon Dash Cart）	智能购物车，无须收银台结算

续表

开始年份	服务产品	内容
今后计划	亚马逊无人机送货（Amazon Prime Air）	无人机送货系统
	柯伊伯计划（Project Kuiper）	人造卫星通信服务

通过年表，我们可以清楚了解，亚马逊在多领域进行了破坏性创新。除亚马逊云科技外，还有为虚拟商业街"亚马逊销售市场"平台的商家提供库存管理、结算、终端配送等基础设施服务的亚马逊物流、语音识别人工智能助手"亚历克萨"、电子书阅读器等。

我想告诉大家的是——"日本企业可复制的机制"

书店里关于亚马逊经营管理的书籍林林总总。读这些书，有时能够了解亚马逊各种独特的工作方法，但很难学习到它们之间相互影响、促进事业整体发展的工作机制。

我在本书中想要传达的不是"亚马逊的经营管理手册"，而是"亚马逊持续实现业务增长的'模式'"，即"体系化的机制"。

其全貌如本书开头的图表所示。我将亚马逊激发创新的方法，系统阐述为"亚马逊创新机制（Amazon Innovation Mechanism）"。

我进行这项挑战的信心，源于在亚马逊工作的经历。但这并非全部。我曾作为技术人员在索尼公司进行新技术研发，也曾以顾问的身份远赴美国，置身于IT企业如雨后春笋一般的硅谷，又亲历了美国思科系统（Cisco Systems）公司被称作"狗年（Dog Year）①"的超高速成长，更曾在有着完整大企业机制的通用电气日本公司（日本GE）供职。基于以上经验，我探究了亚马逊可行且高效的"机制"及"做法（行为模式）"，并对其进行了系统化梳理。

以亚马逊现今的规模，任何个人都难以关注并控制一切，即便是创始人杰夫·贝佐斯（Jeff Bezos）这样的天才。尽管如此，破坏性创新仍能在各领域多点开花，驱动这些创新的并不是某人的灵光一现，而是蕴含着可复制的"机制"。

"成为地球上最重视顾客的企业"——为实现这一愿景，杰夫·贝佐斯一直致力于激发创新。既成创新只是"结果"，而能够引发创新的"机制"和"环境"才是亚马逊独一无二的"核心竞争力"。

---

① 狗年：据说狗的时间比人类快7倍，1人年等于7狗年。许多人用"以'狗年'的速度发展"形容互联网技术发展迅速。——译者注

作为索尼电子鼎盛时期的技术人员一直抱有的疑问

我对激发创新的机制产生兴趣，是有契机的。

大学毕业后，我作为一名电子技术工作者进入了索尼公司。当时日本经济仍处在高速增长期，索尼生产CD播放器、数码摄像机等众多创新产品。我当时正是开发数字录音机项目组的一员。

尽量做好自己负责的部分。抱着这样的想法，即使连续工作很长时间，我也不会感到疲惫，一些奇思妙想反而层出不穷。记得当时整个职场都是这样的气氛，工作起来相当轻松愉快。

之后日本经济遭遇下滑。1989年12月29日，日经平均指数报收于创纪录的38915高点后，开始进入下跌通道，并触发了所谓的泡沫经济崩溃①。此后，日本开启了长达30多年的经济衰退期。在这段"失去的时间"里，日本失去的不仅是时间，还有创新能力。眼见日本向世界输出的创新成果越来越少，我自己

_____

① 日本泡沫经济一般是指1986年末到1991年初的"二战"后日本经济第二次大发展时期。这次经济大发展是在股票交易市场和土地交易市场大量投机活动的推动下形成的，没有相应的实体经济支撑，因此难以长期维持。1989年12月29日，日经平均股价达到最高38915.87点，此后开始下跌，土地价格也在1991年左右开始下跌，泡沫经济开始正式破裂。——译者注

也深刻感受到泡沫经济崩溃前后所发生的一些变化。

很多人认为，日本创新减少是因为泡沫经济崩溃后缩减了研发经费。当然，这也是一个重要因素。然而在泡沫经济崩溃初期，索尼并没沦落到削减研发费用和裁员的地步。在这之前，它就已经开始苦于没有破坏性创新的来源和创意了。

当时，我还是基层技术人员，对于许多"为什么"，既找不到答案，也无法做任何假设，只隐约感觉到"或许有什么特别的原因"。

实际上，当时的世界正在掀起一股巨大的创新浪潮。但我并没有立刻察觉其重要性。关于这次浪潮，我将在最后一章进行总结。对如何理解"失去的30年"感兴趣的读者，可以先阅读本书最后一章。

在美国企业任职时了解到的"推动持续发展的机制"

后来，我离开索尼，先后在理特管理公司（Arthur D Little）、网络设备制造销售商思科系统公司和通用电气日本公司等美国企业工作，并在此过程中，逐渐形成了一些未经论证的想法。

凡是常青树式的美国企业，都致力于建立能够推动持续发展的"机制"。他们尽量不依赖特定个人的能力，建立一套机制和流程，以此推动长期繁荣。这是一些美国企业非常棒的一点。

例如，思科系统公司有一项名为"A&D（Acquisition and Development，获取与开发）"的机制，即通过企业并购（M&A）活动，让收购资源（Acquisition）与自身开发（Development）相结合，在网络设备领域形成完整的产业链条，打造无缝隙产品系列。由此，该公司以竞争对手难以超越的扩张速度在全球开展业务。在此机制下，即使没有人凭借卓越的战略眼光捕捉到富有前景的市场，公司也能通过吸纳、整合外部资源和力量，像拼图一样，最终完成高大全的投资组合。

这就是强大而持久的"机制"的威力。明白这一点后，我想起在索尼公司，我曾茫然地问自己一个问题——为什么创新消失了？答案是：尽管暂时有能够激发创新的"环境"，却无法进化成能够持续激发创新的"机制"。20世纪80年代，我所供职的索尼是工程师的天堂，各种创意层出不穷，且不乏将其实现的机会。索尼通过给予工程师足够自由的环境，期待创新自然发生。

从连续创业者身上获得的启发

在美国企业中，我看到了各种落实"发展战略"的"机制"。但是，我觉得很难认定其是激发"创新本身"的"程序"和"机制"，因为这些机制归根结底还是对个体力量抱有期待。即便在美国，认为创新是灵光一现的观点依然大有市场。

有没有"持续激发创新的机制"？或许能从连续创业者那里得到启发。于是我邀请美国硅谷的几位连续创业者进行了面谈。

连续创业者是指创办企业后引入风险投资，运作上市，再溢价出售股权，且如此反复多次获得"成功"的创业者。这事成功一次已属不易，却总有身处金字塔尖的一小部分人收获多次成功。

通过与他们的交谈，我了解到，被称为连续创业者的人具有其他创业者所不具备的特殊能力和属性，故而能做到持续创新。我将在序章中就此做出详细介绍。但令人遗憾的是，如何能够建立一种机制，让这种特殊能力在更多人身上复现，当时并未找到答案。

遭遇亚马逊"新闻稿和常见问题"的冲击

后来，我成了亚马逊的一员。在这里，苦苦等待的答案出现了。

因为这里已经建立并运行着一整套激发创新的机制。

其中最令我震撼的是机制之一——"新闻稿和常见问题"创新提案模式。它不依赖个人灵感，而是主张通过团队智慧的交流和打磨，获得可以媲美天才连续创业者的创意。我还记得当时很兴奋，心想这正是我一直在寻找的。

"亚马逊成功的秘诀是什么"——这个问题，杰夫·贝佐斯已经被问过无数次了吧。网上能检索到他的各种回答和言论。

其中，以下三项是杰夫·贝佐斯在2010年前后作为企业家开始受到关注以来反复提及的。我认为这三项切中了他和亚马逊一起成长的关键。

- Customer-centric（以顾客为中心）
- Invent（发明）
- Long-tern thinking（长远思考）

始终以"顾客"为中心进行思考，致力于探求顾客尚未被满足的需求。为满足顾客未被满足的需求，就需要进行"发明"。既然不是"改进""改善"现有产品，服务的延续性创新，就必须"长远思考"，用"发明"达成前所未有的大规模创新。

也就是说，通过创新不断成长的亚马逊，重视"以顾客为中心""发明"和"长远思考"。

在亚马逊，每一项计划或目标的制定，都必须有配套的方案和机制。假如没有方案和机制，即使宣布"下季度销售额要增加10%"，也只会被看作"这是'不错的打算'"。

所谓"不错的打算"，就是"没有实现愿望的根据"。也就是说，没有相应方案和机制的目标，这无异于痴人说梦。即便凭借项目负责人的个性与才智，一时能够达成目标，但在没有形成机制的情况下，也将难以为继，不能长久。

秉持这种理念，杰夫·贝佐斯为了不让"成为地球上最重视顾客的企业"流于一个"不错的打算"，从1994年创业之初，他便致力于建立持续激发创新的机制。其结晶就是本书将详细介绍的以"新闻稿和常见问题"为代表的各种程序和惯例。

亚马逊建立的机制日本企业可以复制

我在亚马逊工作了约6年，切身体会了激发创新的程序机制，确信亚马逊所建立的机制，是货真价实的，值得一试。

在过去的职业生涯中，不只在亚马逊，我在其他企业也不断挑战并实践创新，希望能够创造新的价值。基于这些经验，我有理由说在"亚马逊创新机制"中，有很多其他企业也能有效运用的机制和做法。

应该进行创新的领域和需要实现的内容，因企业、行业、业态的不同而有不同。如何不依赖特定个人的能力和环境偶发的机会，持续激发创新呢？亚马逊面对这一问题，在实践过程中形成了独特的亚马逊机制。这一机制对各行业和业态都具有普适性，当然在日本企业中亦可复制。正如后文所述，这甚至可以说是最适合日本企业的机制。

本书的结构和阅读方法

本书开头已经介绍了亚马逊的"创新方程式"，即将员工置于"风险企业创业者环境"中，同时享有"大企业的规模"，再通过规避"大企业容易掉入的陷阱"，创造优于风险企业的"绝佳创新环境"。

此外，我还对支撑该方程式的亚马逊"机制和做法"进行了拆分阐释，将其系统化地图解为"亚马逊创新机制"。

本书将逐一解说该图的构成要素。

第1章介绍将员工置于"风险企业创业者环境"的机制和做法。告诉大家为了把"普通员工"改造成"创业者集团"，亚马逊都做了什么。

第2章首先界定了激发创新中的"大企业陷阱"是什么，由此介绍亚马逊为了避开这些陷阱而建立的机制和做法。

第3章介绍管理层的作用。推动亚马逊创新机制的运行、为其注入活力、促其发展的是被称为"S团队"的管理层成员。我把"S团队"所发挥的作用分为以下三部分进行说明。

第一，让变身为"创业者集团"的员工享受"大企业的规模"。

第二，构建适合创新的工作环境和文化氛围。

第三，为机制注入灵魂。

通过以上内容，我完成了对"亚马逊创新机制"的分解和阐释。

读完第1至3章，你就能了解"亚马逊有组织地连续进行创新的机制"，并可尝试实践。

比如，通过掌握并活用亚马逊员工在创新提案中使用的"新闻稿和常见问题"模式，即便你是普通员工，你也能切实提高撰写企划案的质量。

如果你是管理层，你不仅可以自己提出新方案，还能学到引导下属提案的实践方法。

如果你是经营者，你可以将本书所介绍的机制悉数导入自己公司。由于要面对巨大变革，你或许会有退缩心理。这种心理障碍，大概就是日本企业学习亚马逊进行创新的最大阻力。

第4章将介绍杰夫·贝佐斯本人的相关论述。他坚持"以顾客为中心""发明""长远思考"三项原则不动摇，并以各种方式表达了创新所需的思维方法。了解这些论述，将给明知创新方法却没勇气付诸实践的我们一个强大的推动力。

在终章里，我将结合几项数据谈一下个人见解。为什么要出版这本书？为什么现在在日本无论个人还是企业都需要提高创新能力？想从大背景理解的读者，建议先读最后一章。

典型的问题意识和阅读本书后有望产生的意识变化

对于开展新事业和创新的"问题意识"或"内心的忐忑"，会因在公司内部所处层级不同而不同。

如果是管理层：

"公司内没有好创意。"

"没有能够带动新事业的领导者。"

"没有余力考虑提供新的价值。在竞争中获胜才是生存下去的首要问题。"

"有没有既不冒险又能实现事业发展的方法？"

"三年后必须要让控股方和其他所有股东看到巨大的成果。"

如果是中层干部：

"曾经向管理层提出了很多方案，但都未能实现。"

"现在公司的管理层不可能进行创新，希望我们的时代快点到来。"

"希望年轻人更积极地提出想法和方案。"

如果是年轻员工：

"有闭塞感，没有提出新提案的氛围。"

"能继续待在现在的公司吗？"

对于这些"问题意识"和"内心的志忑"，很多人自己会有共鸣吧。

我期待有以上想法的朋友读完本书后，能把"自言自语"变成以下"对自己的提问"。

管理层这样考虑：

"有没有让员工更容易提出方案的机制？"

"能否营造出让员工不惧失败的环境？"

"你是否陷入了不容许短期损失，却又追求巨大成功的矛盾之中？"

"有为了长期的成功做出大胆决断的心理准备和环境吗？"

"有可能改变股东和老板期待的增长周期吗？"

"是不是掉进了大企业陷阱？"

"我们是否充分强调了创新并以身作则？"

中层干部这样考虑：

"是否可以向管理层提议导入亚马逊机制和做法？"

"即使放弃在公司里的优越职位，也要挑战新事业吗？"

"自己有关于开拓新事业的提案吗？"

"在了解新技术方面是否有所懈怠？"

年轻员工这样考虑：

"自己有领导者意识吗？"

"有没有提出新创意？"

"是否关注顾客甚于关注竞争者，充分理解顾客需求？"

"是否疏于学习新技术和技能？"

"自己供职的公司是否被创新浪潮吞没？"

而且，我希望企业实控人和股东们读后，也能产生以下"问题"。

"对公司管理层，是否一味要求短期的增长？"

"从创新的观点来看，企业没有失败并非好事，经营管理上有问题吧？"

"是否支持管理层大胆进行长期投资？"

假如有人对自己提出了这样的问题，答案就在"亚马逊创新机制"中。

"在美国科技界的四大巨头[①]中，亚马逊有着最适合日本企业的机制。"

本书出版之际，有幸得到早稻田大学商学院入山章荣教授的垂阅，并赐推荐词。借此机会，再次表示感谢。

入山教授指出："在美国科技界的四大巨头中，亚马逊有着最适合日本企业的机制。"理由有如下三点：

首先，在美国科技界的四大巨头中，尽管我们至今仍能从苹果公司出色的系列产品中，感受到天才创始人史蒂夫·乔布斯（Steve Jobs）所创造的辉煌；还有脸书[②]和谷歌通过收购"照片墙"（Instagram）、"瓦次艾普"（WhatsApp）、"油管"（YouTube）等社交网络服务（SNS）企业，也获得了巨大发展。在有机开拓新事业方面最成功的是亚马逊。换句话说，亚马逊依靠收购开展的新事业较少，由自己开发创新事业的成功案例较多。

其次，在亚马逊进行创新的是"普通员工"。当然，亚马逊的员工既不是"泛泛之辈"，更不是"无能之辈"，而是汇

[①] 美国科技界的四大巨头：谷歌（Google）、亚马逊（Amazon）、脸书（Facebook）和苹果（Apple）。——译者注

[②] 脸书现已改名为元宇宙（Meta），本书仍沿用旧称。——编者注

集了某领域专家、精通特定尖端技术的人以及拥有某种高超技能的人。但是，要说他们都属于有着自主创新能力的创业者类型，却并非如此。从这个意义上来说，他们既是"普通人"集团，又是"拥有多样才能的人"的集体。

亚马逊多数员工是在某个方面特别"优秀"的"普通人"，而亚马逊则是这类"普通人集团"。日本很多企业也是这种集团。就"普通人集团"量产创新这一点来讲，对日本企业来说，亚马逊是一家有着极高学习价值的公司。

最后，亚马逊有实际运作的"真实现场"。亚马逊通过严密管理庞大库存，并根据顾客要求及时送达商品。故而有其贴近传统业态一面。对于大型制造业等拥有"真实现场"的多数日本企业来说，在这一点上亚马逊是比较容易理解的企业。入山教授指出，亚马逊具有贴近传统一面的企业，其产生大量创新的机制，当与日本企业最为合拍。

我完全同意这个观点。

工程师出身的我，欲对亚马逊的创新机制进行"逆向研发"，所以就有了这本书。希望本书能为各位读者创业、发展提供参考。

2021年10月吉日

*本书中美国人名字均未加敬称。因为在美国社会，对公司的管理层或上司，也直呼其名。依笔者在美国工作的经验来看，给美国人的名字加敬称，会让人感觉不协调。而对于日本人，则依照笔者对日本社会的感觉加上"先生"等敬称。

目录

连续创业者与杰夫·贝佐斯的相同和差异

　　我想从尚未加入亚马逊，也就是还没接触它所特有的"创新机制"时谈起。

　　那是1998年，我远赴美国硅谷（Silicon Valley）帕罗奥图（Palo Alto）担任顾问工作。

　　在那里我遇到很多人，从他们身上学到了很多。如果没有这些，在后来观察亚马逊激发创新的机制时，便不会明白为什么它们看似简易，组合起来却可行又高效。当然更不可能发现其真正的力量源泉。万望读者朋友明白这一点。

发现连续创业者的存在，恳请面谈

　　当时，出于对激发创新机制的兴趣，我以吸引了风险投资的成功创业者为对象，调研他们身上具备哪些不同寻常的能力，并希望从中得到启示。

　　就这样，我注意到了一个现象级群体——连续创业者。在日本他们又被称作"连续创业家"。成功创业并登陆资本市场，做成一次即是人生巅峰，却有一小部分人能够多次复制。

　　曾经，风投眷顾的新创企业成功上市（IPO），就被视为成功。而近几年，未上市公司获得较高估值，创始人被大型公司溢价收购股权的退出方式也被视为"成功"。所以无论是完成上市还是被收购，能连续再现"成功"的公司创始人，就被称作连续创业者。

我知道这群人的存在，是在硅谷参加的一次初创企业企划展示会上。硅谷定期举办此类收费活动。风险投资家和初创企业的创业者们聚集在这里，或寻找目标，或了解技术和产品趋势。

按照惯例，创业者上台展示前，主持人会简单介绍该公司概况及经营者履历。当介绍到其中一些人时，主持人会说"这位是连续创业者，过去曾创办企业并成功上市"。听到有过成功上市的经历，现场反响就热烈起来，"这很能说明能力啊"。大概圈内熟人不少，台下掌声很是热烈响亮。在此之前，我压根不知道在成功率"千中有三"的创业世界里，竟然有人能做到连续成功。

那么究竟为什么奇迹能在这些人身上发生呢？当时我无从判断。我想弄清其中的秘密，便抱着试试看的态度，通过在展示会上得到的邮箱地址，发了一封恳请面谈的邮件。出乎意料的是对方竟然爽快地应约了。

如此访问多人后，我发现他们不约而同并充满自信地强调了自己的两种能力。

（1）找出未来"产品、服务"与"需求"的交互点

（2）吸纳优秀人才

连续创业者的特殊能力（1）

找出未来"产品、服务"与"需求"的交互点

连续创业者所具备的特殊能力之一，是能够洞悉"技术不断进步推动新产品、新服务得以实现的时期"与"顾客需求日益明显、市场初现的时期"的交互点。

具体说明如下：

假设我们现在开始在某个领域开发新产品、新服务，首先要评估"3～5年后"能够实现何种程度和水平的功能。进而根据预算成本，推算能以什么价格投放市场。其次，预测潜在市场或客户群的大小。据此进行项目能否成功商业化的高概率预测，这就是这种特殊能力的体现。

令人惊讶的是，我采访的所有连续创业者都异口同声说："单论技术能力，比我更强的人有很多。但在预测技术实现与顾客需求交互点的能力上，我自信不弱于任何人。"

预测"3~5年后"比预测"10年后"更难

核心是"3~5年后"这一特定时间段。

部分优秀的技术人员，对技术发展趋势和发展速度有深刻理解，或许能够高概率预测出"10年后"将会实现什么。但是，在成功创业的层面上，这种笼统的预测远远不够。

比方说，在写这本书的2021年秋天，如果有人问"10年后会有无人飞车在东京上空飞行吗？"，我也可以回答"大概率能够实现"。但是，如果预测具体的产品和服务内容，例如仅是连接两个特定的地点吗？覆盖东京全域吗？操控者需要特别执照吗？能够自动驾驶吗？成本是多少？目标顾客群的定位是什么？等，我便无能为力了。

也就是说，此时关于"10年后"的预测，只是一种"趋势"和假想，并不涉及具体的产品和服务形态。

新技术产生后，如果要策划将其应用于社会的具体产品、服务，则必须要考虑"3年后如何""5年后怎样"。

一旦将时间由"10年"改为"3~5年"，回答难度骤然加大。因为预测较近的未来，需要对各要素进行精确评估。

假设3~5年后，即使在技术上能够实现"空中飞行的无人飞车"，那么市场能承受其造价吗？另外，投放价格、用途、目标客户群如何定位？再者，会不会触碰法律约束的边界？

预测"3～5年后"的难点在于，关于"东京上空无人飞车"是否可行，必须评估多项内容，如果一项出错，结论将大相径庭（另外，这里所说"3年""5年"的周期，是以硬件开发为前提的，若在软件领域，周期更短）。

技术进步与需求扩大、成本容许度、法律约束……

在未来3～5年这一时间轴上，分布着技术研发的进展、市场对产品与服务需求的增长、市场需求对成本的容许度、法律约束的边界等外部因素。故而需要有一种能力，在系统判断以上各种要素的基础上，找出其交互点，也就是启动新产品、新服务的绝佳节点。若有误判，则事业很难成功。或是因为技术满足不了需求，或是因为需求容纳不下技术。

被称为连续创业者的人，多数具有这种洞察力，擅长辨别。

但是很遗憾，关于如何掌握这种洞察力，他们并没有给出明确答案。

不过，不依赖精英的个人能力开发创新型产品、服务，就需要建立一种机制，以此帮助找到技术进步和顾客需求在3～5年后的交互点。明白这点就是一个个小的收获。

创建了"创意实验室（Idealab）"，且创业经验丰富的美国著名风险投资家比尔·格罗斯（Bill Gross），2015年在TED[①]的演讲中介绍了一组数据。他对成功的风险投资和失败的风险投资进行了比较，并做了原因分析，得出以下结果。

第1位：时机（42%）

第2位：团队（32%）

第3位：创意（28%）

第4位：商业模式（24%）

第5位：融资（14%）

决定风险投资成败的最大因素竟是"时机"，据说这让比尔·格罗斯深感震惊。

随后，比尔·格罗斯以在线娱乐公司"Z.com"为案例做了进一步说明。作为1999—2000年在美国备受瞩目的风投项目，"Z.com"在创意和商业模式上都做得非常出色，融资也很顺

① TED：指TED国际会议，由美国一家私有非营利机构TED［T：技术（Technology），E：娱乐（Entertainment），D：设计（Design）］运营。第一次TED国际会议于1984年召开，之后每年3月举办一次，邀请科学、技术、设计、文学、音乐等领域的杰出人物、思想领袖和实干家，分享创意与见解。除演讲嘉宾外，TED国际会议大会的观众也非常优秀，通常是企业的首席执行官、科学家、创造者、慈善家，等等。——译者注

利。比尔·格罗斯对"Z.com"的成立感到非常兴奋。但是，由于当时宽带普及率极低，多数用户没有条件在线观看视频，市场尚未形成。这导致该项目于2003年宣告失败。然而几年后，互联网用户的宽带使用率超过了50%，在此绝佳时机，"油管"登场了。

1998年，我有意识地对连续创业者们进行了一系列采访，因此对这组数据颇感兴趣，并深以为然。所谓"找出3～5年后新产品、新服务与需求的交互点"，就是"找到推出新产品、新服务的时机"。

连续创业者的特殊能力（2）

吸纳优秀人才

另一项连续创业者们普遍抱有自信的能力是"组建优秀团队的能力"。这与前面的调查结果一致，决定创业成败的第二大要因是"团队（32%）"。

在进行访问的那段时间里，美国西海岸的互联网技术初创企业接二连三地诞生，高端技术人员非常抢手，许多创业者正苦于招不到优秀人才。

创意再好，如果不能在特定时机前迅速以高质量实现，就不可能从风投基金那里获得投资，从而进入高速成长的快车道。优秀的工程师和营销人员在哪都炙手可热。

并且，初创企业本身的骨干精英，又是大型企业和已经获得风投、正处快车道的公司所觊觎的对象。初创企业整个研发团队被挖角的事情时有发生。

在这种状况下，我访问的连续创业者们仍对组建优秀团队有着绝对自信，且声称并非通过高薪吸引人才，而是以共赴公司使命、愿景和文化，追求和共享事业价值来汇聚精英。

关于这一点，我感同身受。在与各连续创业者仅仅一个小时左右的对话中，我屡屡产生"如果有机会，希望能和这人一起工作"的想法。

"能予则予"是他们待人的基本姿态。仅仅因我这个素不相识的日本人邮件相邀，他们便可在百忙之中抽出时间分享秘诀。在交谈中，我能深深感受到他们对自己所领导事业的坚定自信与热忱。所以只一小时左右的对话，我就不由得感觉"这家伙也许真能凭一己之力，就达到他人难以企及的高度"。这大概就是"领袖气质"。

优秀人才追求"高维度自我实现"的可能性

连续创业者拥有的魅力，本质是什么呢？通过回顾当时的访问以及在杰夫·贝佐斯领导下的亚马逊的工作经历，我觉得也许可以这么表达：

"让人感受到高维度自我实现的可能性。"

对于有远大抱负的精英分子来说，比起金钱，可以实现更高维度自我的公司更有吸引力。在这样的公司工作，他们有可能实现跨阶成长，成为一个难以想象的高维度自我。

连续创业者们，即便在无意识间，也能让一起工作的伙伴感受到实现高维度自我的可能性。所以他们才会对"组建优秀团队的能力"抱有绝对自信。

发现"潜在市场"的眼光化作汇集人才的能力

第1种能力和第2种能力乍看毫无关系，实则密不可分。

为"找出3～5年后新产品、新服务与需求的交互点"，需要对技术进步进行精准预测并对"潜在市场"进行逼真描绘。市场调查手段并不能揭示尚未出现的市场。预测未来技术和描绘潜在市场，正是向事业伙伴演示无人见过的风景，并使其相信真实存在的能力，这是第2种能力即"吸引优秀人才"的重要因素。

开发面向基于假说的未知市场的产品、服务要经过各种程序，负责各项程序的人才不可或缺。唯有齐集各路精英，才能在3～5年后的目标时间里顺利推出产品和服务。通过用第2种能力汇集的人才，执行第1种能力构筑的计划，以此实现高执行力。

连续创业者与杰夫·贝佐斯的异同
——在"组织"中连续创业

后来我加入了亚马逊，其创始人杰夫·贝佐斯也是兼具这两种能力的人。

1994年，在纽约华尔街（金融业）工作的杰夫·贝佐斯注意到一项调查数据。1993年1月至1994年1月的一年间，网页数据流量暴增2560倍。他敏锐地察觉到，线上商品交易诞生的日子临近了。

因此，他开始构想电子商务事业。关于最初应该经营什么种类的商品，据说他有一份备选清单，其中包括从办公用品到服装等20个品类。考虑到商品的类目集中和属性一致等前提条件，他判断"图书"是最优选项，随即开始创业。"网售图书"就是杰夫·贝佐斯找到的第一个"未来'产品、服务'与'需求'的交互点"。

当时，有大量数据足以说明并不只有杰夫·贝佐斯预测到互联网技术进步、用户增加所带来的机会，包括网售图书在内，电子商务领域竞争者众多。杰夫·贝佐斯则始终坚持"为顾客提供最佳网络体验"的愿景，他不畏惧短期赤字，稳步朝着目标前行。因为他坚信自己所洞悉的"未来'产品、服务'与'需求'的交互点"终将出现，所以他比竞争对手投入得更为坚决和彻底，并最终证明了自己的正确。这正是杰夫·贝佐斯第一种能力的卓越体现。

亚马逊是"超级连续创业者企业"

从一开始，杰夫·贝佐斯构想的就是最终做成"全品类店铺（Everything Store）"，他自然不会长期满足于单一品种。他开始逐步追加图书以外的商品和领域。上面已经介绍了亚马逊进行过的大量创新，如云计算服务"亚马逊云科技"、虚拟商业街"亚马逊销售市场"以及为"亚马逊销售市场"平台上的商家提供库存管理、结算、终端配送等基础设施服务的"亚马逊物流"等。

就这样通过不断推出新业务并成功运营，亚马逊实现了飞速发展，总市值达到了17770亿美元。

但是，"规模"并非亚马逊追求的优先项。应该这么理解，亚马逊为了实现"成为地球上最重视顾客的企业"的愿景，必然要产生出大量的创新，并迅速扩张规模。后面我会对此详细论述。

现在的亚马逊仍然在不断推出创新项目。例如，处方药线上销售平台"亚马逊药房（Amazon Pharmacy）"、亚马逊无人零售店、亚马逊自有品牌商品开发"亚马逊倍思（Amazon Basics）"、线上支付平台"亚马逊支付"等。

我认为，现在的亚马逊可以说是"超级连续创业者企业"。亚马逊通过将所蓄积的雄厚资本和人才队伍等资源，投入"未来'产品、服务'与'需求'的交互点"，从而以任何一个初创风险企业都不可企及的速度和规模持续进行创新。

"想同杰夫一起看看能走到何处？"

连续创业者所共同具备的另一项能力——通过呈现"高维度自我实现的可能性"吸引人才，这也是杰夫·贝佐斯的强项。

有一位在亚马逊美国总部工作了近20年的干部，从创业之初便追随杰夫·贝佐斯左右。我曾问他：

"你一直在亚马逊工作的原因是什么？"

他的回答是："我无法想象亚马逊会走向何处，所以想跟杰夫一起看看。"

自己无法实现的目标，跟某人一起就有可能达成。也许可以将命运的筹码押在这人身上——这或许就是和杰夫·贝佐斯并肩战斗中产生的实际感受。虽然这名优秀的干部不会缺乏来自其他公司的邀请。

1994年之前，杰夫·贝佐斯还在纽约华尔街对冲基金公司德邵基金（D.E. Shaw）供职。当他告诉同事们要"辞职创业"时，年轻的下属工程师杰夫·霍尔登（Jeff Holden）立刻申请加入，但由于杰夫·贝佐斯承诺辞职后的两年内不从德邵基金挖人，所以杰夫·霍尔登加入稍晚。当他进入亚马逊后，他大展身手，担任了营销高级副总裁直至2006年离职。

哈佛商学院讲学，发掘干部

1997年，杰夫·贝佐斯在哈佛商学院（Harvard Business School，简称HBS）讲学。台下的学生中，有一些被他描绘的愿景所打动，很快做出加入亚马逊的决定。詹森·基拉尔（Jason Kilar）便是其中一位。

詹森·基拉尔能力出众，他在高级副总裁的位置上为亚马逊工作至2006年，后被视频网站葫芦网（Hulu）挖角，担任了首席执行官。2020年，詹森·基拉尔出任华纳媒体（WarnerMedia）首席执行官。

因聆听杰夫·贝佐斯在哈佛商学院的讲学而投身亚马逊的年轻人还有安迪·贾西（Andy Jassy）。他于1997年加入亚马逊担任市场经理，2003年承担撰写一份重要的新事业企划书（后来的"新闻稿和常见问题"）的工作。这项新事业就是推动亚马逊成为世界最大云计算服务公司的"亚马逊云科技"。亚马逊云科技事业取得了巨大成就，其利润占亚马逊营收总利润约六成。一直负责亚马逊云科技事业的安迪·贾西于2021年接班杰夫·贝佐斯，出任亚马逊首席执行官。

杰夫·贝佐斯拥有吸引优秀人才的特殊能力。这些人即使在别处也能轻易拿到高薪。现在的亚马逊，高级副总裁级别的高层干部，为公司工作10年以上者依然不在少数。考虑到互联网技术行业的高流动性，亚马逊骨干队伍的忠诚度实属惊人。

比如，亚马逊全球消费者业务首席执行官杰夫·威尔克（Jeff Wilke），自1999年进入亚马逊，与杰夫·贝佐斯并肩奋斗20多年，共同创造了亚马逊如今的规模。杰夫·威尔克是消费者事业的全球总负责人，同时还兼顾电子商务和实体店铺业务。他可以说是亚马逊核心商务的顶梁柱，零售业务的中心人物。虽然很遗憾他已于2021年退休，但这样优秀的人才能长期投身于亚马逊事业，足见亚马逊的过人之处。

足以胜任世界五百强企业领导层级别的人才能长期在亚马逊任职，正是被杰夫·贝佐斯提出的愿景、使命和将其实现的能力所吸引。

这些干部进入亚马逊时多是25~35岁的年纪。杰夫·贝佐斯在这些人刚刚崭露头角时，就发现了他们作为璞玉的无限可能，为他们提供职位和机会，20多年来与他们共同推动事业发展。其识才的慧眼令人惊叹。

杰夫・贝佐斯与连续创业者们的根本差异

上面探讨了连续创业者群体和杰夫・贝佐斯的相同之处。

然而，杰夫・贝佐斯并不是连续创业者。连续创业者是指创建过多个风险企业的人。而杰夫・贝佐斯则始终以亚马逊一家企业为基地，持续进行大规模创新。

如今的亚马逊虽身为超大型企业，但开创新事业的速度却不逊于任何一家风险企业。亚马逊通过充分发挥创新速度和企业规模的协同效应，以全球最快的速度、最大的规模提供顾客需要的划时代的产品和服务，并不断取得进步。

为什么亚马逊能做到这些呢？

因为机制。杰夫・贝佐斯不仅进行商业创新，还创造性地构建了"有组织创新的机制"。

美国科技界的四大巨头，日本企业最该模仿的是亚马逊

很多人认为"创新"的事业，只有极少数具备特别才能的人可以完成。但是在亚马逊开展创新的这群人，虽十分优秀，

却也绝不是"天才"。换言之，很多人如果没有亚马逊这个职业平台，甚至不会有进行创新的机会。毕竟，连续创业者实属凤毛麟角。在此意义上的"普通"员工们，可以在团队协同中不断创新，这正是亚马逊的厉害之处。

为激发创新而创建的亚马逊机制确实非常出色，并且相信日本企业也可以充分复制。故而，我认为在美国科技界的四大巨头〔谷歌（Google）、苹果（Apple）、脸书（Facebook）、亚马逊（Amazon）〕中，日本企业最该效仿的当属亚马逊。

亚马逊将创新流程机制化，和其他公司相比，它较少依赖个人的灵感和能量，似乎有点儿土气。但从"努力耕耘终将结果"的意义上讲，亚马逊最适合作为日本企业的典范。所以我想把亚马逊的这套机制传达给日本企业界的各位。

下一章起，我将具体分析"有组织连续创新的亚马逊机制"。

第1章

亚马逊将"普通员工"改造成"创业者集团"的机制和做法

在上一章中，我们指出了连续创业者具有以下两种特殊能力。

（1）找出未来"产品、服务"与"需求"的交互点
（2）吸纳优秀人才

并且说明了亚马逊的厉害之处在于，它是在组织层面具备了这两种能力，而不是依赖某个人的力量。

对第一种能力——"找到未来'产品、服务'和'需求'的交互点"来说，"3～5年后"这一未来时间尤其重要。作为找出交互点最强有力方法的亚马逊机制，它是一种被称作"新闻稿和常见问题"的企划书设计，本章稍后将详细介绍。

对连续创业者的个人魅力进行因数分解

相比第一种能力，第二种能力——吸纳优秀人才稍显模糊。这里可以分解为几个要素。

前面已经提到"吸纳优秀人才的能力"本质在于"展示实现高维度自我的可能性"。但是，优秀人才遇见某创业者时，

感受到的实现"高维度自我的可能性"具体是什么？根据自身的经验，我认为主要有以下几个要素。

- 对该创业者及其领导的团队所设定的宏大使命、愿景能产生共鸣。
- 能感受到该创业者及其领导的团队有将自己设定的宏大使命、愿景逐步实现的执行力（execution）。
- 能感受到持续进行挑战的团队文化。
- 优秀同事云集。
- 感觉自己加入后能够有所作为和自我成长。

杰夫·贝佐斯确实拥有掌握以上要素的能力，所以他周围汇集起了一群潜力无限的年轻人。他们中的大多数进入了"S团队①"，构成了核心管理层，和杰夫·贝佐斯一起为实现亚马逊的使命长期奋斗，最终获得巨大成长，实现了高维度的自我。

不过，现在的亚马逊不能再依靠杰夫·贝佐斯和"S团队"成员的个人魅力招揽人才了。换言之，以公司现在的规模，这

---

① "S团队"是亚马逊最高决策团队，或者叫公司高层领导委员会。"S团队"由来自亚马逊几乎所有业务领域的高级副总裁（Senior Vice President，SVP）组成。——译者注

种方式已不足以招到匹配数量的优秀人才。因此,如今公司整体具备了"吸引优秀人才的能力"。通过综合、协同运用多种程序机制,像杰夫·贝佐斯当初吸引"S团队"成员一样,让员工和应聘者感受到"实现高维度自我的可能性"。

当然,"实现高维度自我"并非易事。所以也会有人感觉"亚马逊不适合自己",在招聘阶段就选择退出,也有人入职后因无法适应而离职。

因此,我认为亚马逊激发创新的机制和做法体现在三个方面。

第一,最大限度发掘员工的能力,促其成长。第二,降低挑战门槛。第三个方面不可忽视,即通过员工之间的取长补短,实现高水平创新目标。

降低挑战门槛举组织之力合作创新

序章中说到,在亚马逊开展创新的员工们绝不是什么"天才"。也许用词不当,但这是指在特定语境中,他们就是"普通人"。这里的"普通人",是为了同之前所说的"连续创业者"做出区分。

当然汇集在亚马逊的"普通人"绝非平庸之人,而是某领域的专门人才,他们是精通特定尖端技术或有一技之长的人。

但是，他们大多并非天生的创业者，这些人既不具备独立开创事业的能力，更不是连续创业型的天才。他们既是特定语境中的"普通人"，又是"拥有别样能力的人"。

这群"拥有别样能力的普通人"汇集在一起，进行能力互补，带着强烈的动机投身创新活动，并取得不逊于拥有特殊能力的创业个体的成绩。是亚马逊让这一切成为可能。

很多日本企业同样也汇集了很多的"拥有别样能力的人"。从我在亚马逊和通用电气日本公司工作的经验来看，日本企业员工和全球企业员工相比，个人专业能力并无差异。因此，我认为亚马逊机制和日本企业没有隔阂，学习价值极高。

本书第1章至第3章将介绍"亚马逊有组织进行创新的机制和做法"。

本章介绍把"普通员工"改造成创业者集团的机制和做法，分为以下6点。而下一章将介绍保证亚马逊机制长久保持的机制和做法。这是预防落入"大企业陷阱"的关键。

---

1 > 通过"新闻稿和常见问题"进行"逆向思考"

2 > 通过"以沉默开场的会议"消灭"公司内政治"

3 > 通过"创新峰会"培厚创新土壤

4 > 用"单向门"和"双向门"加以区别

5 > "奇特公司"的自我定位

6 > 领导力原则

进入正题前，我想简单介绍一下这些机制蕴含的杰夫·贝佐斯和亚马逊的基本理念。

亚马逊创新的出发点，是全员秉持的"第1天（Still Day 1）"精神，即"今天依然是创业第1天"。不囿于过往积累的成绩停滞不前，而是时刻思考今天能为顾客提供什么新的服务。

亚马逊的愿景是"成为地球上最重视顾客的企业"。为无限接近这一愿景，亚马逊时刻坚持把顾客至上、不断进步的意识普及到组织的每个角落。

在公司大大小小的会议上，在领导之间的谈话中，"顾客至上理念""第1天精神"和"创新重要性"被反复提及。

2018年11月，一则新闻报道了杰夫·贝佐斯在一次公司内部会议上关于"亚马逊终将破产"的言论，引发了轩然大波。

让我们来看一下当时是怎么报道的。

亚马逊首席执行官杰夫·贝佐斯在公司内部会议上发表惊人讲话。美国消费者新闻与商业频道（CNBC）已确认了录音的真实性。

亚马逊总市值一度超1万亿美元，杰夫·贝佐斯也一跃成为世界首富，而他却拒绝承认亚马逊已身处无敌之境。

"亚马逊太大，并非不会破产。实际上，我认为亚马逊破产的日子终将到来。"杰夫·贝佐斯在回答关于西尔斯（Sears）破产的问题时做出以上回答。

"亚马逊终将破产。纵观大型企业，生命周期大多超不过40年，至百年难如登天。"

历史确实证实任何帝国都不会永续存在。但一个首席执行官，世界上最成功企业的首席执行官，对自己公司做出如此率直预判的实属少见。

杰夫·贝佐斯又说，亚马逊的目标是尽可能推迟那一天的到来。它的方法就是专注于顾客。

"如果我们开始关注自身而非顾客，便是灭亡的开始。我们必须尽量推迟那一天的到来。"

杰夫·贝佐斯之所以强调"亚马逊终将破产"，他是想要表达，解决顾客所需是亚马逊存在的意义。为此要时刻聚焦顾客，不断提供更先进的产品和服务。而这些建立在"今天依然是第1天"意识所带来的创新上。如果停止创新，亚马逊则失去了存在价值，离破产倒闭就不远了。我个人理解，杰夫·贝佐斯是在向公司内部传递这样的信息。

现在进入正题——"将'普通员工'改造成'创业者集团'的机制和做法"。

1
通过 "新闻稿和常见问题" 进行 "逆向思考"

亚马逊将其策划创新的过程称为"逆向工作法（Working backwards）"，日语叫"逆方向に思考する（逆向思考）"。具体来说就是"从顾客需求出发设计产品、服务"。

其核心工具是被称为"新闻稿和常见问题"的企划书。

在亚马逊，提出新产品、新服务方案时，必须使用"新闻稿和常见问题"格式。"PR"即"Press Release（新闻稿）"，"FAQ"是"Frequently Asked Questions（常见问题）"的缩写。

本来新闻稿是企业在开发了新产品、新服务之后，向社会发布的广告。它是在一切就绪后，基于确切信息的撰写。"常见问题"同样是在服务和产品定型后，才设想媒体和消费者会提出哪些问题，从而进行准备。

但是在亚马逊，这些统统成了新产品、新服务的企划原点。当产品、服务还在虚构阶段时，项目企划者最先要做的就是提交"新闻稿和常见问题"。

也就是说，亚马逊是在实施开发产品、服务之前，先撰写新闻稿格式撰写的"新闻稿和常见问题"。

这么解释，经常会有人产生小小的误解。我曾被提问"在产品定型前新闻稿，把时序颠倒，所以就叫逆向吗？"答案是"不"。

逆向工作法是市场导向

亚马逊想要通过新闻稿和常见问题实现的"逆向工作法"，是"以顾客需求而非自身技术资源为出发点进行思考"，基于此策划产品和服务，这才是"逆向"的确切含义。

简言之，即坚持"市场导向"而非"产品导向"。"产品导向"指的是从自身想造什么，能造什么为出发点，策划、开发产品和服务的方法。而"市场导向"则是指从顾客需求出发，设计开发出满足顾客需求的产品和服务。

"产品导向"的思考方法是基于供应方立场，生产想要生产、容易生产的产品，或是能够优于竞争对手的产品。排除"产品导向"，贯彻"市场导向"，生产市场或顾客需要的产品，是一种基本姿态。"逆向工作法"一词，是这一姿态的亚马逊式表达。

那么新闻稿一般包括哪些信息呢？原本新闻稿是为激发

更多潜在顾客对产品、服务的兴趣和购买欲，向媒体投放的文案。所以每家公司的新闻稿都会尽量简单明了且充满诱惑力，强调产品和服务的强项与亮点。

而亚马逊的新闻稿和常见问题有着不同于一般新闻稿的一面。

"撰写新闻稿和常见问题"意味着"站在顾客视角"

先前提到在亚马逊要撰写"新闻稿和常见问题"。更具体地说，它是想象自己策划的产品和服务已经投放市场，由企划案提交者亲自撰写，并在报纸等媒体发布的关于该产品、服务的新闻稿。

毕竟新闻稿和常见问题只是用于公司内部讨论的不公开文档，也不以销售为目的，因此，与真实的新闻报道相比，它的表达形式和内容都更加轻松自由。它也不会拼命夸大产品和服务的魅力。

那么，新闻稿和常见问题具体包含哪些要素呢？主要有以下3点：

- 什么样的产品、服务被投放市场？
- 对使用者有哪些好处？
- 使用者反馈如何？

特别是想象着使用者反馈来撰写新闻稿，是一项很有意义的尝试。提案人可以借此机会，摆脱产品和服务提供者的立场，具体想象该产品、服务可以为顾客带来的价值以及受欢迎的程度。也就是说，作为卖方的撰写者，以买方的视角，在撰写过程中体察产品、服务是否为顾客带来价值。如果有，会是什么？这样真正动笔才有身临其境之感，认识到自己设想的产品、服务"所产生的价值对顾客来说还不够""这样的功能和价格也许没人买"，等等。

完成企划书是起点，获得支持后出发

更为重要的一点是，完成新闻稿和常见问题并不是结束，而是开始。提案人完成新闻稿和常见问题后，由相关人员进行审核，讨论"长远看，顾客真的需要这一产品、服务吗？""产品规格和服务内容应该做出一些改动。"在讨论过程中改善新闻稿和常见问题，提高完整度。

要高质量撰写并讨论新闻稿和常见问题，需要整个团队彻底建立起顾客视角和创业者视角。我写过几次新闻稿和常见问题，在过程中，明显感觉整个团队的视角更加接近顾客了。

当然，也有一小部分优秀员工，即使身在无此要求的公司，写企划书时也会考虑"顾客需要这样的产品吗？"但在多数情况下，他们预测市场和形成数据，依然会止步于个人假设。因为几乎没有公司能提供机会讨论"这能真正满足顾客需求吗？""这个预测从多数人视角来看，准确吗？"等问题。

而亚马逊则用新闻稿和常见问题方式，带动大家展开"顾客真的有需求吗？""顾客喜欢该产品、服务提供的解决方案吗？"等问题的讨论。新闻稿和常见问题具有通过讨论提升"普通员工"观点水平的功能。

新闻稿和常见问题是促使企划人及相关人员的视角自然投向顾客的机制。这一机制将"逆向工作法"自然导入亚马逊员工的思维，即"从顾客需求出发提案"的思考习惯。

用亚马逊格式撰写"乘坐无人飞车"企划书

实例更容易让人理解。因此我以亚马逊格式撰写了一份虚拟产品的新闻稿和常见问题，设想5年后[①]将发售"无人飞车"。可能会有人质疑"5年时间研发出这种尖端产品不大现实"，而我只是想通过案例让大家对新闻稿和常见问题有个大致了解，所以细节部分还请原谅。为了提高代入感，先虚拟一家媒体——《每日时报》，然后撰写一份刊登在这家报纸的新闻稿和常见问题。

---

① 以本书成稿时间，即2021年10月为基准。——编者注

每日时报

2026年10月1日

东京汽车发售家用型"无人飞车"

近日，东京汽车公司发售了一款"无人飞车"。

这款可作为"飞行私家车"的"无人飞车"，宽2米，长4米，高1.5米，核载4人，大小和传统家用汽车相当，私家车库即可停驻。

该车启动后即离地腾空1米，可按汽车交通规则在道路上行驶。因为是全自动驾驶，设定目的地后，乘客可自由支配路上的时间。

当然，飞车最大的卖点还是可以高空飞行。据悉，东京汽车公司已获得××省批准，在城市内约每10平方公里建立一个"起降区"。当飞车在普通模式下行驶至该处时，将自动接收指令上升至50米高度，进入高速行驶模式。

在同向车流较大的情况下，附近飞车会自动拉开5米垂直距离，不会形成交通拥堵。

依靠这一系统，规避市区繁华路段堵车现象，保持每小时60公里匀速行驶。

这套全自动驾驶系统的另一个亮点是自动泊车。到达目的地降落地面后，乘员下车，飞车自动寻找最近泊位停车，进入待机模式，等待乘员用手机唤醒，按指令自动抵达指定位置接人。

飞车在高空飞行模式下的最高时速达250公里，2小时内即可从东京抵达大阪。（※不过，目前最长续航里程只有200公里，不能做到一次直达。）

据悉，该车被允许在距高速公路50米高度的空域以最高时速行驶，按规定的同向每车5米垂直距离计算，相当于实现了单向11车道。另外通过人工智能应用，车载系统实现了所有飞车之间的信息交互，这样就具备了空中防撞这一主动安全功能。

目前这款飞车的发售价格为5500万日元/辆。另外还有包月租车政策，根据使用频率，每辆每月10万～100万日元不等。

*试乘人翔太先生的评价

"平时开车到位于市中心的办公室，经常会遇到堵车，要开1个小时之久。现在开这款家用飞车10分钟就到了。刚开始我觉得空中行驶挺吓人的，试乘后感觉起降都很顺利，飞起来也比普通汽车平稳，安全感十足。有了这个，我就不必选择居住在车站附近，更不必在公司附近买房啦。只是售价对个人来说有点压力，我觉得老板可以买来作为公司用车，应该是很有价值的。"

*试乘人泰子女士的评价

"首先是全自动驾驶，特别适合像我这样经常带孩子出行的用户。这样不用人工驾驶，我一路上可以陪孩子玩，也不怕孩子哭闹了。行驶起来更是意外的平稳，喂奶、换尿布都没问题。就是在大风天气里也不摇晃就更好了。孩子的爷爷奶奶家离我们有100公里，平时多半只能通过Zoom看看孙子。有了这款飞车，只需花30分钟就能过去，完全可以一周一趟。爷爷奶奶也打算买一辆呢。上了岁数后自己开车也不太让人放心，正好有了这么一款新产品。至于我嘛，想从租车开始，先试一下最便宜的那个包月方案。"

*研发者东京汽车事业本部山田本部长的评价

"我们近期推出的这款家用无人飞车，意在通过新产品实现一个不受工作地点制约、随心而居的社会。此外，为了提升残障人士乘车的便捷性与舒适性，我们专门对飞车进行了轮椅无障碍出入的设计。动力方面，普通民用电源即可为飞车充电，1次充电5小时可续航2小时，真正实现了用车场景自由。飞车采用了4组相互独立的动力装置，即使在其中两组发生故障的情况下，也能安全降落地面。而且飞车通过预测和感应风向和风力强度自动切换行驶模式，将风力影响降至最低。所以这是一款比飞机安全性更高的交通工具。"

【常见问题】

1.如果发动机发生故障怎么办？

飞车采用四组独立动力装置外加一组应急动力装置的设计，其中两组正常工作即可安全降落。就算出现四组动力全部停摆的极端情形，另有一组应急动力装置会开始工作。在紧急迫降时，这第五组动力将产生短时间的悬浮力，使飞车缓降，把对乘员的伤害控制在最低。

2.在空中有没有同其他飞车相撞的可能？

飞车应用了全自动驾驶技术，行驶中会与附近其他飞车自动交互通信，几乎没有相撞的可能。经过数万小时的试飞，未发生一起相撞事故。

3.乘员需要驾照吗？

不需要驾照。飞车启动后全程自动驾驶，不需要任何手动操作。依照××省的规定，通过预设的飞行高度、起降点和加速点实现全自动驾驶，行驶过程无须乘员参与操作。

4.用户需要投保吗？

不需要。飞车基本不会发生事故。若发生事故，由东京汽车公司统一理赔。

5.日常检测和维护如何进行？

飞车状态由车载系统实时监测，数据将发回东京汽车公司。若有异常，会及时通知车主。问题飞车将自动接受召

> 回，回到原厂车库接受检修。无须车主自己定期保养。

大家感觉如何？实际运用中常见问题数量还要更多。亚马逊的新闻稿和常见问题大致就是以上内容。

以团队之力提高提案书的精度

通过上述例子可以看出，亚马逊新闻稿和常见问题所要求的要素，包括了发表日期"2026年10月"和价格"5500万日元"，它还要恰如其分地阐述产品概要。如此就算备齐了材料，供所有参与者讨论产品和服务实现的可能性，并分析顾客需求是否强烈。一开始并不需要非常完整，而是经过几轮讨论才逐步增加完整度。理想的状态是，设计团队在接到提案书后，直接开始产品、服务的具体设计。

最重要的是要明确以下5点：

（1）顾客是谁？

（2）顾客会提出哪些问题？

（3）对于顾客的问题，该产品、服务提供了什么解决方案？

（4）该解决方案是否真正解决了顾客的问题？

（5）顾客是否发自内心"想要"该产品、服务？

还是以上面的家用无人飞车为例。从它的功能来说，我个人非常"想要"，而考虑到价格因素，却无法成为早期用户。

如果拥有这种交通工具，无论住在哪里都能非常便捷地去往城市中心。所以人们在市中心继续工作的同时，可以搬到自然环境优美的地方居住。并且，随着使用时间的延长，市中心和现居地之间居住成本的差额，应该可以抵消相应的购车成本。我预测早期用户正是基于这种测算和判断，故而果断入手的人群。这类顾客应该有相当数量。

经过这些考虑，可以认为这款飞车在短期市场中，将面向对商用或私人直升机有需求的人群，成为直升机的替代产品。长期来看，随着量产化带来成本削减效应，实现价格下调，用户群也将随之扩大。

新闻稿和常见问题除了包含"吸引顾客的卖点"，还要通过常见问题列举假想顾客群的顾虑。这些要通过与工程师及各领域相关人员的讨论，来查找风险和思考解决办法。

新闻稿和常见问题撰写完成不是结束，它只是提供给团队进行讨论、提高企划完整度的工具。

完整度得到提高的新闻稿和常见问题最后由谁拍板通过，因项目规模不同而异。

不过，提案不会当场被简单的一个"不"驳回。在亚马逊有同上司讨论的机会，会得到"这里有问题，这样改善一下或许能行"等诸如此类的意见。在此基础上再做进一步讨论，以一种积极审议的形式加以反馈。

特别是需要投入巨额资金的破坏性创新项目，将由杰夫·贝佐斯及"S团队"管理层判断是否可行。这时会朝着"是"的方向进行讨论。不简单驳回，以提高创意完整度为目的进行讨论，同时开展思考和建议，这是亚马逊的基本姿态。

通过团队再现连续创业者的思想内容

前面我们提到，那些被称作连续创业者的人，擅长"找出未来'产品、服务'和'需求'的交互点"。

亚马逊规定新闻稿和常见问题一定要包含假定发售日期，多数设定为3～5年后。

所以新闻稿和常见问题撰写者也就是企划人必须提出关于"3～5年后'新产品、新服务'与'需求'的交互点"的假说，并通过相关项目、技术、财务、法务等联合专业团队的验证，不断打磨，提高预测未来的精度。

这就是并非天才的员工们利用新闻稿和常见问题工具，以团队力量推进的一套机制。而这套机制，原本只存在于天才的连续创业者们的潜意识里。

团队讨论不仅限于技术和功能问题。最重要的是团队通过新闻稿和常见问题讨论"顾客是否发自内心'想要'该产品、服务"。

多数企业在验证新项目时，一般从以下讨论开始。

"是否预想了市场规模水平？"

"能多大程度用活公司现有资源？"

"需要的投资金额？"

"该项目能带来的销售收入和利润？"

"可实现性？"

如果这些问题的答案不能满足公司的基本要求，就不能通过立项审核。

但是亚马逊不同。项目即便能保证销售收入和利润，也能用活公司现有资源，但如果不能满足"顾客发自内心'想要'该产品、服务"这一条件，依然不能通过立项审核。

所以参与新项目的成员，都将以顾客需求为中心展开讨论。当然偶尔也会提及销售收入和利润。但是，我在亚马逊工作期间深刻感受到的是，在考虑新项目的可行性时，只要项目具备长期潜力，把可预测的短期销售收入和利润作为优先讨论项的概率，比其他公司要低得多。

换言之，只要满足"顾客发自内心'想要'该产品、服务"这一条件，有着美好的前景，项目即便短期不能盈利，亚马逊也会果敢地拍板实施。这就是亚马逊的过人之处。因为只要是"顾客发自内心地'想要'"，那么即使测算出项目无法在短期实现盈利，甚至亏损，却依然蕴含着巨大创新的可能。作为一家有远大追求的公司，理应发起挑战。

亚马逊还有一个持续降低产品价格的营销方针。短期看会降低利润率，但随着生产效率的提升、市场占有率增加等规模效应所带来的成本削减，价格的降低会带来销售额的攀升，获取巨大回报。同时收获大批忠实用户，为整体产业注入强大的活力①。后面将讲到的"亚马逊无人超市"，就是一个首开先河的案例。

若被现有资源束缚，创意则随之变小

之前写到，许多公司在评估新项目的可行性时，非常重视"是否能够用活公司现有资源"。亚马逊也会慎重讨论这一点。但如果判断出顾客对新项目有着巨大需求，且尚未被满足，亚马逊便会朝着这个新的目标发起挑战。

拿如今占比亚马逊营收及利润约六成的云计算业务"亚马逊云科技"来说，从立项起，即是从顾客需求的立场来审视市

---

① 关于此类持续降价的目的和效果，贝佐斯在公司内外曾反复提及。比如，贝佐斯在2003年的《致股东信》中也曾强调此事。

场。"顾客对此普遍有尚未被满足的巨大需求"以及"其他公司不具备满足这一需求的能力",这是开拓此项业务的主要原因。

起初公司内部几乎没有发展云计算业务的资源,但亚马逊积极从外部引进人才,再通过内部开发和投资,建立起了开展此项业务的能力。当时的电脑制造商太阳微系统公司(Sun Microsystems)和国际商用机器公司(IBM),从纸面上看,在开拓云计算业务的资源和能力上更充分一些。

亚马逊开会,总是频繁提及一个问题——"创意是否过小,是否拘泥于现有技术和可预测的短期利润"。此外,"由亚马逊来做,能否为顾客提供更大的价值?"也是经常见到的问题。

会议还会讨论"新产品、新服务能满足的顾客需求足够大吗?""这是长期需求而非昙花一现吗?"但由于是未来的市场,所以判断经常基于假说,而非来自细致的数据分析。

也就是说,亚马逊着手新项目时,不会从"短期盈亏""市场规模分析""基于现有资源的差别判断"开始讨论。

亚马逊的这种做法看似离经叛道,却蕴含着深刻的道理。重要的是"顾客发自内心'想要'吗?""这种需求巨大而普遍吗?"如果顾客需求果真巨大,做长远考虑并认真推进,就能大概率地获得高额回报。当然,这只是预想。长期推进却终归失败的经历,亚马逊也有过不少。一系列机制始终贯彻"逆向工作法"，是以顾客为起点而非终点产生的必然选择。

日本的自助收银和亚马逊无人超市的区别

以现有资源和能力为出发点的企业，与以顾客需求为出发点的亚马逊之间的区别，我举一个例子加以说明。

2018年，亚马逊在美国西雅图开了第一家线下零售店铺"亚马逊无人超市"1号店。一名去过店里的考察者发表了如下感想：

"我本来以为是实现了无人店铺，结果里面还是有很多店员在忙于补货或导购。这样的话，人工费并不节省吧？同时这套系统和设备又是一笔很大的投资。所以也就那样吧，相比起来还是日本的半自助收银店铺在投资效率上更优。"

这种观点在某种意义上是对的。但是日本的半自助收银和"亚马逊无人超市"的目标并不一致。无视目标差异的比较，一定会错估"亚马逊无人超市"的威力。

所以，我为此分别写了简单的"新闻稿"，对日本半自助收银和"亚马逊无人超市"进行比较。这里略去了"新闻稿和常见问题"中的"常见问题"。

首先是日本半自助收银。下面是一份关于"美乃理屋"超市引进半自助收银系统的新闻稿。

2018年1月15日

"美乃理屋"超市引进半自助收银系统

近日，总部位于××县的连锁超市"美乃理屋"更新了收银系统。

"美乃理屋"新引进的这套半自助式收银系统，使顾客等待收银的时间缩短20%。

半自助方式，是指店员在收银台扫码录入顾客所购商品信息并统计金额后，由顾客自行前往付款机自助付款。付款机带有触摸式液晶显示屏，初次使用即可根据屏幕提示便捷地完成操作。假如不擅长操作机器也不必顾虑，附近有工作人员待命，随时提供帮助。

半自助收银最大的魅力在于缩短了结账等待时间，且无须排队，耗时平均缩短约20%。

*体验者彩绘女士的评价

"这可以缩短顾客在收银员不足时等待结账的时间。同时也减轻了收银员的负担，挺好的。之前收银员很辛苦。期待店家把因此节省下的人工费，补贴到商品上，能更加便宜。希望所有店铺都引进同一套收银系统。每家系统不一样的话，操作起来有障碍。"

> ***体验者和奏女士的评价**
>
> "与之前相比，用上这套系统后，排队结账时间缩短了，很开心。不过，我还没用熟，有点紧张。旁边街的成田屋用的是别的系统，这需要记住两种操作方法，有点麻烦。"

用亚马逊方式写一篇关于"亚马逊无人超市"的新闻稿，会怎样呢？

> 2018年1月15日
>
> ### 亚马逊新型"无人收银店铺"开业
>
> 近日，美国西雅图街头出现了一间"亚马逊无人超市"，这是一种划时代的"无人收银店铺"。所有亚马逊会员可通过手机客户端扫码进店，挑选所需商品后直接离店。而账单则会自动发送到亚马逊会员账号，由会员在线结算。据悉，亚马逊计划将来把在线支付的密码验证升级为指纹或面部识别验证。
>
> ***体验者健太先生的评价**
>
> "总之，一切相当迅速。就是从货架拿走想要的东西后离开。别说排队结账了，连钱包都不用带。这真是一种全新的体验。赶时间的话，这样的店是相当带劲啊。"

> ***体验者爱子女士的评价**
>
> "货架取货然后出店，没有收银。像是科幻片的场景。再也不想排队结账了。希望别的商家也能使用这样的模式。"

日本收银改进的目标，与其说是追求顾客利益最大化，倒更像是通过提高店铺效率而降低运营成本。因为即使不改变收银系统，通过增加收银员也可以达成自助收银的效果，并且对顾客来说更加省事。但从经营角度来看，增加员工数量这个选项无疑是艰难的，所以做出引进半自助收银系统的决定。比较而言，"亚马逊无人超市"的目标则是一种全新的顾客体验（Customer Experience），即把顾客在实体店铺购物过程中的结账环节彻底清除。由于需为此投入庞大的资金，店铺运转仍需要员工参与，所以在运营成本上毫无优势，甚至会出现短期赤字。

当然，日本的半自助收银，其志向也包括提升顾客满意度。但优先项是降低店铺运营成本，形成竞争优势。可以想象该决定的形成，主要是因为"新型收银导入成本<增加收银员人力成本"。

与此相对，"亚马逊无人超市"首先着眼于提升顾客的购物满意度，即使暂时亏损，如果能因此获得顾客的长期支持，也终将实现盈利。这个案例，揭示了逆向思维和"逆向工作法"的原则。

这里我无意评价哪一方是正确的。只希望读者能感受到，"新闻稿和常见问题"和"逆向工作法"的缺席或在场，将使新产品、新服务出现完全不同的构思，由此最终呈现的产品和服务的形态也大相径庭。

若能以顾客为出发点进行思考，建立关于"3～5年后新产品、新服务与需求交互点"的假说，通过企划人与相关人员的讨论和认证，确信顾客未被满足的需求规模能够满足项目预期，最终推出的产品和服务，便不会由于仅靠"畅销/不畅销""赚钱/不赚钱"做出的判断而错失大好商机。

立足长远的战略眼光，汇聚团队智慧，坚持顾客体验是思考的根本目的。以上是在比较日本半自助收银和"亚马逊无人超市"后，就其差异所进行的剖析。

贝佐斯在公司内外曾多次发表以下言论。

"希望亚马逊提高重视顾客的标准后，其他企业的标准会随之提升。"

"亚马逊无人超市"不就是亚马逊提高重视顾客标准的最好范例吗？

记得以前都说"索尼是松下的小白鼠""松下模仿索尼"。索尼每每研发出新产品，松下电器产业（现在的Panasonic）便会很快推出相似产品。结果，营销能力更强的松下占去一多半市场份额。当时作为索尼员工，我总感觉很窝火，有一次却听到一位管理干部说 "这样挺好"。当时听后甚是不解，现在我终于明白 "能通过互相学习竞争，为顾客提供更好的产品，善莫大焉"。

贝佐斯谈亚马逊无人超市

贝佐斯在2018年的《致股东信》中这样谈及 "亚马逊无人超市"。

"从全球零售业的层面来说，现在的亚马逊仍是一家小公司。因为我们在零售市场所占份额不足5%。并且，我们想要进入任何国家和地区开展零售业务，都将面对超大规模的本土零售商。这是因为有近90%的零售店仍是'线下'模式，即实体零售店。所以多年来，我们一直在研究实体店如何为客户提供服务。因此，我们必须要创造出让顾客在购物环境中感到愉悦的元素。"

贝佐斯接下来的话让人印象尤为深刻。

"对此，亚马逊的愿景是明确的。那就是清除实体店铺中的最糟糕时间，即排队结账的时间。没有人喜欢等待。我们所构想的店铺，是一个进来拿到想要的东西，就可以转身离开的地方。"

贝佐斯进一步说。

"实现起来会很艰难，因为要克服很多技术难题。我们必须从世界各地召集数百名优秀的计算机科学家和工程师，共同攻坚克难。我们必须自己设计搭建摄像头和货架，并开发新的计算机视觉运算法则，包含整合数百台计算机协同处理图像。这必须是一项利用多重复杂技术，又毫无痕迹的超高性能工艺。在看到顾客反应的那一刻，我们得到了回报。他们将在亚马逊无人超市的购物过程形容为'魔法'时间。"

在亚马逊，干部带头写企划书

在亚马逊，谁都可以写新闻稿和常见问题，任何时候都可以向公司提案。对创新充满激情的个人或团队，抱着必成的信念撰写新闻稿和常见问题，向上司或有裁决权的人提案。

事实上，几乎所有部门每年都要撰写并提交一次未来2～3年的长期事业规划。届时为能汇总大家的智慧和创意，会先让部门成员各自写一份新闻稿和常见问题。另外，如果有谁突然被灵感眷顾，想出了革新性创意，就不必等待这一年一度的机会。

不只是亚马逊，其他有"事业创意提案制度"的公司也不在少数。

但是，这些公司在多数情况下，干部是处在评价基层提案的位置。而亚马逊的不同之处在于，即使高级副总裁级别的干部也会积极撰写新闻稿和常见问题，向贝佐斯提案。

有位美国总部的高级副总裁，曾负责过多个新项目，如配送生鲜食品的"亚马逊生鲜"、移动售货服务"宝藏卡车（Treasure Truck）"。他亲口告诉我，每个企划都是他利用数个周末写出的新闻稿和常见问题。在向贝佐斯提案前，他还会根据几位"S团队"成员的反馈意见进行多次修改。

贝佐斯收到提案，经讨论后批准了其中的几项。据说，围绕他写的新闻稿和常见问题，贝佐斯和他多次进行激烈讨论，而在每次讨论中，"能否满足顾客未被满足的需求"这一问题从不缺席。

批准通过的项目可以同时获得"用人权"。在外资企业工作的人可能比较熟悉用人权这个词，它是指某个特定部门、项目、组织规定岗位的最人数。"获得用人权"意味着"该项目已获批，被授权进入实施"。

自上而下，传递"提案的乐趣"

目睹高级副总裁级别的管理层干部亲自操刀新闻稿和常见问题，争取项目实施的授权，推动商业创新，下属就会产生"我也试试看"的积极性。

听了那位美国总部高级副总裁的话后，我也产生了"自己试试"的想法，于是写了两个新业务新闻稿和常见问题，均获批实施。

开始着手撰写新闻稿和常见问题后，新想法接连出现，整个人兴奋不已，不吐不快。我便告诉周围人"我想这么干"，随后收到很多人的建议和支持，"这很有意思啊""这个想法怎么样？""我想介绍个人给你认识"……

如此锤炼出来的新闻稿和常见问题，经过亚马逊美国总部会议审议，获得了高级副总裁的批准。

正式立项后，就要组织团队成员，推动团队运作。当团队内传来"接下来我也要写新闻稿和常见问题，开展有趣的新业务"的声音时，我非常开心。

这就是新闻稿和常见问题催生出的亚马逊企业风尚。美国总部高级副总裁级别的干部不是坐等自下而上的提案，而是亲自撰写新闻稿和常见问题做出表率，传递创造新事业创意，朝着实现创意迈进的乐趣。

管理层干部亲自体会创新的乐趣，并将乐趣传达至海外公司法人、各部门领导乃至每个团队成员。以此形成 "我也要写新闻稿和常见问题尝试创新" 的创业者精神，并在亚马逊内部扩散开来。

说起亚马逊创新，大家的印象可能是一举颠覆原有商业模式的 "破坏性创新"。但是新闻稿和常见问题推出的企划案并不受革新程度的限制。"破坏性创新" 当然会有，但打磨、改善现有业务的 "延续性创新" 也一样受欢迎。重要的是要以顾客为出发点展开创意。按新闻稿和常见问题方式，经过打磨和论证的企划案一般都满足这个条件。

此外，亚马逊拒绝使用 "破坏性创新" "延续性创新" 的说法。不过，社会上一般称淘汰现有产品和服务的大规模创新为 "破坏性创新"，称改善或改进现有产品和服务的创新为 "延续性创新"，这么说读者或许更容易理解。所以，本书会按照以上定义使用这两个词。

降低创新提案的门槛

新闻稿和常见问题虽好，但只有被执行才有意义。亚马逊有一套促使全员积极撰写新闻稿和常见问题的机制。

首先是所有员工都要接受新闻稿和常见问题撰写法培训。

作为各层级领导力培训班的必修科目，约占半天的课时。培训先从作为新闻稿和常见问题根本的"逆向工作法"开始，阐述这种思考方式的重要性，因为它将带来以顾客为出发点的创新活动。随后是实践课程，为自己的创意撰写新闻稿和常见问题。

这项培训有助于"提高员工撰写企划书的能力"。

但是，不要忘了新闻稿和常见问题并不是需要高超写作技巧的文体。

新闻稿和常见问题是新闻稿体裁，不要求很长篇幅。新闻稿部分大多整理为1～1.5页A4纸的内容，再加上常见问题。如果是内心早已酝酿成熟的创意，几小时就能完成，再经几番推敲修改，即可定稿。

总之，亚马逊在设计简洁的创新企划书格式的同时，通过培训降低撰写成本。如此，低门槛的创新提案，促成各部门各岗位提交出更多的新创意。

如果创意提案格式过于复杂，比如要求完善的市场调查数据及精确的销售额和利润预测，动辄几十页，会怎么样呢？恐怕挑战这项工作的人数会大幅减少，提案数量也随之下降。

我在其他公司也身临过很多新产品、新服务、新项目的提案现场。当企划书篇幅过长时，人们会感觉其重点不在创意本身，而在创意被市场接受的可能度上。也就是说，比起创意本身，市场调查数据和份额预测占去了太多篇幅。这样一来，以现有市场为前提的短期目标讨论便顺理成章成了中心议题。

亚马逊的新闻稿和常见问题不要求细致的市场调查和数据预测。因为亚马逊有一个基本认识，对于将要创造的市场来说，现有的数据已经失效，预测尚不存在的市场销售额，准确性无从谈起。而集中研究"顾客是否真的需要"该产品或该服务，才是切中要害的讨论。这一方针让那些没有时间和资源进行大规模市场调查及销售额预测的员工也有了撰写企划书的机会，有效降低了创新提案的门槛。

个人热情催生，团队合力培育

亚马逊机制不要求最初的提案有多么高的完成度。提交新闻稿和常见问题后，提案人、提案接收人以及能够提供意见的人会聚在一起共同讨论。经过讨论的新闻稿和常见问题内容重点会更为突出。亚马逊机制的基本立场是，即使提案最初并不完善，也可以与收到提案的上司以及能提供不同技术和视角的人一起打磨。这种机制有助于开发提案人的创业者能力。

得益于这种机制，在亚马逊，只要有热情，任何人都可以提交新创意。然后管理层会加入讨论，以团队之力改进、完善提案。提案人有机会作为负责人，开展新业务，让企划进入实际操作。谁都可以，是多数亚马逊员工的共识。

将原本是连续创业者这样的天才们所做的事机制化，正是亚马逊的独到之处。实际上，美国动画制作界也有类似的"热门作品连出机制"。稍后会在专栏（专栏1："智囊团"——迪士尼有"组织"量产热门动画电影的原因）做详细介绍。感兴趣的朋友可以参考。

2
通过"始于沉默的会议"消灭"公司内政治"

亚马逊有一套独特的机制来运行新闻稿和常见问题评审会。

关于会议资料，亚马逊有自己的规定。新闻稿和常见问题也按以下规定准备：

- 会议资料禁止使用幻灯片。
- 会议资料必须使用文字文档，整理成1页、3页或6页。（可另行分发附加材料）。
- 禁止条目式资料。
- 禁止使用图表。
- 以纯文本形式表达观点。

会议开头是漫长的沉默时间。因为全员默读文字版会议资料后，讨论才会开始。最长的时候，默读阶段能接近一小时。

我初次参会，是一场有美国总部高级副总裁在场的季度业绩评审会。大家一起开始默读手中刚拿到的资料时，静默中有一种非比寻常的紧张感。后来我又参加过这种始于沉默的会议，或是作为会议资料制作方，或是作为评审方。无论处于什么立场，在有限的时间里，我都严阵以待，腰杆笔直。

禁止使用"等"字

之所以禁止使用条目式资料和图表，据解释是因为贝佐斯认为纯文本形式有利于培养批判性思维。

确实，这起到了很大的效果。比如我自己用幻灯片做宣讲资料时，即使在逻辑和结构上不够清晰，仍期待听者能够理解。这就等于没有充分想清楚自己所要强调的内容。

我发现，按照亚马逊的规定，以纯文本撰写文字文档，就必须深入研究以下内容：

- 提案的内容概要是什么？
- 提案的依据是什么？
- 可实现性有多大？

● 在提案以外，有无其他实现方法？

　　亚马逊公司内禁止使用"等"字，要求在"等"字处填入内容，不容许模糊处理。

　　我亲身体验了这种方式后，感觉还有其他隐藏好处。那就是不用做会前疏通，不会产生公司内政治。

不需要公司内政治和会前疏通

　　亚马逊开会，在与会者事先得到的会议通知里，只有议题和提案人，没有会议内容，也不提前向评审人征询意见。这是硬性规定，所有人必须彻底执行，没有提前疏通的余地。

　　无论在日本还是美国，大型企业开会前多需要做大量的会前疏通工作。但是，如果只依靠疏通工作做到位，提案就获得通过，那么这样的公司能有创新吗？

　　接受疏通提前做出承诺的人，即使在会议讨论过程中发现了新问题而改变了观点，他们也不便推翻自己原来的意见，提案人也就得不到改进提案内容的机会了。会议原本的功能是与会者从各自观点出发，展开激烈讨论，进一步完善公司的施策内容。而会前疏通形成的公司内政治，使会议丧失了原本的功能。

　　在争取评审人事先承诺的过程中，提案人往往会朝着取悦众口的方向修改提案。上会时，提案中原有的尖锐部分已荡然无存。

会前疏通和公司内政治与亚马逊绝缘。实际会议上，有时提案人通过听取多方面的意见和信息，改进提案内容。有时提案人和上司意见相左，在针锋相对的气氛中进行坦率的讨论。

3
通过"创新峰会"培厚创新土壤

亚马逊定期举办公司内部"创新峰会"。顺便说一下，这和亚马逊举办的"亚马逊云科技峰会"不同。"亚马逊云科技峰会"是邀请"亚马逊云科技"的顾客等外部人员参加的活动。接下来要讲的"创新峰会"只限亚马逊内部员工参加。

"输出"（output）型，非"展出"型

"创新峰会"的目的是提出新创意，促其提升，使其无限接近实现。"创新峰会"在美国有时只召集技术人员参加。我在亚马逊日本公司工作时，公司每年召开一次大规模"创新峰会"，它召集数百名员工在异地（off site）办会。

我曾经旁听过其他公司内部共享创新成果的活动。

一般是以实施创新的部门或团队做成果发表的形式进行。比如在公司或公司以外的地方布置大型会场，各研发部门分设展台，公司员工巡回参观。可以说是公司内部的技术"展出会"，它着眼于参观者的信息"输入"。对参观的员工来说，这是非常有意义的活动，是输入未知见解的宝贵机会，又是将所获得的新见解应用于自身业务的契机。

但是，亚马逊的"创新峰会"和此类成果"展出"型发布会之间，有一条明显的界线。

"创新峰会"期间，参与者脱离日常业务，从所属部门中解放出来，与新成员组成新的团队，挑战新的创新提案。这么做的目的不是之前的"展出"型成果发布，而是在"团队建设"基础上的"输出"。其特征在于，这是一种"参与"型活动，目的是现场创造自己的成果，而不是观摩别人的成果。

峰会具体分为以下几个阶段：

（1）参与者带着新创意参会并进行发表。

（2）全员发表完毕后，创意趋同者组成团队。

（3）各团队分头讨论，完善整理创意。

（4）各团队依次展示创意。

（5）管理层选出优秀创意，入选创意被整理成新闻稿和常见问题格式，裁决是否落地执行。

"同一个创意"联结不同岗位的员工

每年一次的"创新峰会"改变了员工日常的意识与活动。我自己也因为这一年一度的峰会，时常思考"有什么以顾客为出发点的新创意"，产生寻找创意的强烈动机。

峰会当日，虽说身处一个全新的团队，但遇到创意相合的同伴，会因"公司里有这么多人跟我意见相同啊"而勇气倍增。有时看到自己模糊的想法被别人用明确的语言表达出来，我会感觉挫败，意识到自己的局限。不过有时正因此契机，我又产生出新的创意和想法。

和陌生伙伴组队深入讨论，整理新项目和业务改革的提案，几天后拿去展示。如此锤炼出来的提案，会有一部分进入管理层的视线，落地执行。脱离日常业务，埋头于创新提案的那几天，是一段充满朝气与活力的体验。

创新峰会能让人切身感受到，参与创新活动的不只是技术研发、事业开发、商品企划这类部门，也不只是项目负责人。还包括人事、法务、营销等各部门、各岗位的人，所有人都拥有通过自己的创意进行创新能力的展示机会。

创新过程的虚拟体验

虽然观摩别人的创新内容也是一种宝贵体验，但"创新峰会"机制的卓越之处在于，它使每个人都置身于创造与创新的过程之中。

进一步来讲，通过"创新峰会"，参与者能够真实感受到亚马逊是一个以给顾客提供价值为先的公司。讨论的中心词一定有"为了顾客""普遍""潜在规模"，而关于短期可预测的销售额和利润的讨论则寥寥无几。

"成为地球上最重视顾客的企业"的愿景，是亚马逊持续创新的企业风尚的关键。而"创新峰会"为该愿景的扎根做出了极大贡献。从这个意义上来说，"创新峰会"是一项意义深远的举措。

4
通过"单向门"和"双向门"加以区别

在亚马逊工作时，我经常被问到一个问题。

"这是单向门（one-way-door），还是双向门（two-way-door）？"

这个问题对提升中层领导者的决策速度非常奏效，被频繁用于亚马逊大大小小各式各样的讨论中，这是决定创新项目能否推进的重要判断点。

能折返的挑战，可以不惧失败前行

顾名思义，单向门有进无出，双向门可进可出。

挑战新课题即是涉足未知领域，它被比作进入"新房间"。

创新是创造出无人实现过的事物，所以门内是一个什么样的世界，谁都不知道。

只是，门有两种。

一种门，打开后，踏入未知房间，发现里面的一切不是我们想要的，可以立刻返回。这是"双向门"。

另一种门，一旦打开进入房间，就不能折返。这是"单向门"。

如果将要挑战的创新是"双向门"，即使事先未能进行充分的调查分析，也不必为此停下脚步。门内景象若非自己想要，转身离开就好。门内是未知世界，勇于进去一探究竟，便是占了先机。

相反，如果将要挑战的创新是"单向门"，则需要审慎研究，预测门内的状况后，再决定是否打开它。

"双向门"给中层干部以勇气

"双向门与单向门"的区分，包含着贝佐斯向员工特别是向中层干部们发出的一个信号。

贝佐斯希望有决策权的管理人员能以最大勇气冒险前行。贝佐斯和"S团队"成员是如此，同时还希望中层管理者亦然。

但是，多数中层干部厌恶风险。

贝佐斯认为，这是由于他们无法甄别某项决策前面的那扇门，是单向还是双向。假如能通过理性分析，确信面对着一扇"双向门"，任谁都敢于推开它。贝佐斯的目的是为各级管理层的背上加一股推力，"失败了可以随时撤退，那么就毫不犹豫地前进吧"。

相反，如果面对的是一扇"单向门"，则必须慎重。但相比踏进"单向门"且以失败收场，在"双向门"前踟蹰不前的领导者更多，这是企业发展路上的一大痼疾。

这种思维在亚马逊管理层根深蒂固，现实决策时，他们也频繁讨论"这是双向的还是单向的？"如果判断是"双向门"，则决心"速度为先，冒险前进"。我自己也曾在各种级别的会议上经历过基于该二分法的讨论和决策。

"双向门"提升决策速度

这种基于二分法的简单决策，为如今已成为超大型企业的亚马逊带来了两个好处。

一是能保持接近创业期的决策速度。亚马逊创业初期没必要向员工宣贯这种二分法，因为有贝佐斯坐镇，可以现场做决断。不清楚当时贝佐斯的内心是否有"是双向门？还是单向门？"的判断标准。不过，满怀开拓者精神和主人翁意识的创业者，在雷厉风行、杀伐决断的创业初期，没有向周围传达这一判断标准的必要。

但是，今天的亚马逊已经成为世界上屈指可数的行业巨兽。据说至2021年7月，全球员工总数已达127.1万人。

即使已发展至如此规模，亚马逊依然高举"第1天"精神。无论长成到多大体量，亚马逊都要把今日当作创业"第1天"，永葆创新意识。

为避免"第1天"精神流于理想化，就必须将其转化为一种机制。在这种机制下，任何人都有可能再现贝佐斯和管理层在创业初期的决策速度和创新姿态。其中最强有力的机制之一便是基于"双向门和单向门"的二分法决策。

简单的判断标准提升员工的创业者精神

"双/单向门"这一简单判断标准带来的另一个好处是，培养中层管理者的创业者精神。

亚马逊有名为"Our Leadership Principles（OLP）"的16条全球共同行动指南，直译为"我们的领导力原则"。而这16条原则是全员应知的行动指南，无论是不是团队领导者。

我们的领导力原则的开头明确提出，亚马逊所追求的"员工群像"是"亚马逊人人都是领导者"，要求全员发挥领导力，不论职务。

我认为这是在传达一个信息，邀请全体员工共享贝佐斯及"S团队"拥有的领导力和创业者精神。这正是亚马逊永不丧失创业者精神，不断创新所必需的品质。

关于我们的领导力原则我会在"领导力原则"中做详细论述。

与"双/单向门"相关的内容，主要有以下两条。

● 主人翁意识（Ownership）

领导者要有主人翁意识。领导者考虑长远，不为短期结果舍弃长期价值。领导者不只为团队效劳，而是为整个公司行事。领导者绝不会说"这不是我的工作"。

● 基本正确（Are Right，A Lot）

在大多数情况下领导者判断的正确性，来自卓越判断力和丰富经验的敏锐直觉。

也就是说，亚马逊期待所有员工都从长远视角为公司做事，有判断力和经验加持的良好直觉。全员都是领导者，是一道很高的门槛，而"若能回头，莫惧失败，勇敢前行"的"双/单向门"这一简单判断标准，给了所有员工一个机会，来证明自己是满足这种高标准的人才。这一判断标准是非常好用的强大工具。

若是"单向门"，与上层决策者讨论

以上说明了"双/单向门"判断标准的意义，接下来谈一谈如何"运用"这一标准。

若是有退路的"双向门"，就毫无畏惧地放手去做。项目负责人可在"用人权"和资金预算的范围内大胆推进。

但如果是无路可返的"单向门"，根据预测事项的重大程度，有时要同以"S团队"为首的上层决策者讨论，而后再做决策。超出项目"用人权"和资金预算等资源范围的决策，同样要与上层管理者讨论后再做决策。

通过区分"双/单向门"调节决策门槛和控制项目进度，已成为亚马逊的一个决策机制。

本章已把该项决策机制作为"将普通员工改造成创业者集团"的机制之一加以说明。不过，它同时还是下一章所介绍的"避开大企业陷阱"机制中的一个。

5
"奇特公司"的自我定位

亚马逊以"行事奇特"为荣。不只"不否定"，还"肯定、鼓励、推动奇特的行事方式"，这也是亚马逊的企业风尚。

亚马逊称此风尚为"亚马逊的特有方式（Amazon's Peculiar Ways）"。

亚马逊为此还专门设计了一个吉祥物"佩西（PECCY）"，名字源于"peculiar（奇特的）"一词，象征亚马逊以自己独特的工作方法和思维方式为荣。亚马逊公司内随处可见佩西贴纸。具体什么样，大家上网检索一下便知。它是一个滑稽又可爱的吉祥物。

守护"疯狂创意"的"吉祥物"

以新闻稿和常见问题方式提案的创意，有些很不成熟，有些还很疯狂。但据我所知，无论多么疯狂的创意，管理层都会认真讨论，努力寻找每一滴创意精华，物尽其用。如果管理层干部皱眉应对，"这不行""考虑好后再写企划书"，就不能指望提案者以后再拿出独特的创意，这容易扼杀创新萌芽。

亚马逊的潜在危机，大概不会来自某资本雄厚的同领域企业的挑战。如果亚马逊有一天陷入危机，对手应该是某个新生小企业，像曾经的亚马逊一样，产生了一个疯狂创意，并为实现这一创意向亚马逊发起挑战。

若想避免这种场景出现，亚马逊就必须永远以"第1天"的精神，持续产出疯狂创意，永不安于现有的规模和地位。

于是亚马逊创作了佩西，传达"无论多么疯狂的提案，我都不会惊讶哟"的信息。在亚马逊工作时，我边惊奇佩西贴纸的数量之多，边这样想。

6
领导力原则

从持续进行大规模创新这一意义上来讲，亚马逊是一家特别的企业。而让这一切成为可能的，是机制里蕴含着的亚马逊的明确使命。请大家先读一下亚马逊的使命宣言（Mission

Statement）。

　　"我们的目标是成为地球上最重视顾客的企业。我们的使命是不断提升顾客体验的标准。为此，我们利用互联网及相关技术，帮助消费者寻找、发现、购买任何想要的东西，并推动无数企业和内容创作者实现最大化的成功。"

　　成为地球上最重视顾客的企业——坦率地讲，我第一次看到这个目标和宗旨时，并未理解其内涵。直到后面听到、看到贝佐斯在公司内外的发言，反复思考，才慢慢领会。

　　"希望后世称我们为发起顾客中心主义变革的企业。"

　　"希望亚马逊提高重视顾客的标准后，其他企业的标准会随之提升。"

　　"希望在高于传统企业的维度上重视顾客。"

　　"时刻以顾客为中心进行思考，为顾客去发明创造。"

贝佐斯追求的"顾客中心"

　　高举"顾客中心主义"旗帜的经营者有很多，但是从贝佐斯的发言来看，他所追求的"顾客中心主义"是超越以往所有企业的"高维标准"。

也就是说，通过建立高标准的以顾客为中心的企业文化，成为所有企业的样板。他希望自己创立的亚马逊开一代风气之先，推动其他企业的改变，提升"重视顾客"的社会和文化水准。本章提到的以"亚马逊无人超市"为契机，日本大型便利店企业也出现了开设无收银店铺的动向，就是一个很好的例子。

贝佐斯的目标是使亚马逊成为一个标杆，改变世界对商业的一般认识。而创造便利的产品和服务，不过是手段，是中间的过程。

宏大的使命呼唤"机制"

正如序章中所讲，在接触到贝佐斯的商业理念前，我曾采访很多天资非凡、成果丰硕的连续创业者。他们的目标是成功地"向社会推广特定产品和服务"。

相比之下，贝佐斯的目标要宏大得多，他甚至应该知道不可能在他这一代实现。这是从贝佐斯创业伊始便存在的使命。也就是说，他从一开始就构想了一个一代人无法完成的目标。这一构想的前提是在自己百年之后，公司仍会载着使命继续前行。

为完成"成为地球上最重视顾客的企业"这一愿景和使命，需要做的事情无穷无尽。

由于这一目标太过宏大，因此贝佐斯没有片刻守成，而是不断冒险挑战一个又一个创新项目。亚马逊穿越了贝佐斯时间，在他退休后将这项挑战作为全员共有的企业文化延续下来。以贝佐斯和亚马逊的使命之宏大，自然将寻求"机制"。

高举社会责任和意义为创建公司的目的，并以将其实现作为自身使命的人，被称为"传教士"型经营者。贝佐斯可以说是其中顶尖的存在。

2018年，亚马逊在美国召开全体员工大会，我在线上参会。当时有一名员工提问公司向某企业出资的理由，贝佐斯做了以下回答：

"那家企业的创业者是'传教士'，未来可期。"

我原本以为他会从该企业的技术和资产的角度回答。听完后不禁感慨，果然知行合一。

"传教士"特征成为投资的评价标准

这说明，贝佐斯判断对某企业投资的决定正误时，将该企业对自身赋以何种使命，如何向着目标迈进作为重要评价点，而非单单看其持有的技术和有形无形资产。

贝佐斯曾亲身为该类型的创业者开展商务，所以最为清楚建立"传教士"型商业模式的公司，长期看来有着取得巨大成就的可能。

贝佐斯每年都会写名为"致股东信"的文章，别称"贝佐斯信（Bezos Letter）"。他在2017年的信中有这么一句话：

我很高兴，因为"传教士"能够生产出更好的产品。

此句的上文说到自己被外界视作"传教士"，贝佐斯对此感到"很高兴"，因为"'传教士'能够生产出更好的产品"。贝佐斯在为自己被看作"传教士"而高兴的同时，也高度评价了其他"传教士"型的同行。

使命不仅是支撑创业者的信念，还可以给员工和商业伙伴带来强大能量。

我自己便有这种经历。拼尽全力将要达成目标看到成果时，忽然对自己正在做的事情产生怀疑。"这对社会有益吗？""自己是在为了钱做出对社会无益的事吗？""自己在为了钱做错事吗？"

那时重读亚马逊的宗旨，我又觉得"不，这可以。""我是在为社会做事。"我也可以确认正在进行的项目是朝着什么方向，以及如何为社会做贡献了。不用说，这有助于维持和提高积极性。

亚马逊的"领导力原则"

如前所述，亚马逊的全球共通信条"我们的领导力原则"是全体员工的行为准则，它并不仅限于团队领导者。

该信条由16条原则组成，其中最后两条是2021年7月贝佐斯退休前新增的，与前14条性质不同。具体有何不同之后说明。对于本书的写作目的——说明"亚马逊有组织创新的机制"，前14条更为重要。

这14条领导力原则同本章前面介绍的持续创新机制密不可分。本书稍后将以专栏形式，顺着创新过程整理"14条原则"。

在此之前，首先看一下亚马逊官网登载的我们的领导力原则。

亚马逊需要什么样的人？
在亚马逊，人人都是领导者。

亚马逊的全球共通信条"我们的领导力原则"，由14条组成。这源自人人都是领导者的理念，与是否身为团队管理者无关。每一位员工在日常工作中，时刻谨记"我们的领导力原则"。

"我们的领导力原则"

● 顾客至上（Customer Obsession）

领导者以顾客为出发点展开思考和行动，为获得并维护顾客的信赖倾尽全力。领导者亦关注竞争者，但顾客永远是关注的中心。

● 主人翁意识（Ownership）

领导者要有主人翁意识。领导者考虑长远，不为短期结果舍弃长期价值。领导者不只为团队效劳，而是为整个公司行事。领导者绝不会说"这不是我的工作"。

● 创新与精简（Invent and Simplify）

领导者要求自己的团队进行创新和发明，并时刻追求精简。领导者关注动态变化，从一切可能之处寻找新创意，并不局限于个人开发。我们落实新创意时，可能要接受来自外界的长期误解。

● 基本正确（Are Right，A Lot）

在大多数情况下领导者判断的正确性，来自卓越判断力和丰富经验的敏锐直觉。领导者寻求多样性思维，不厌恶反证自己的观点。

● 持续学习，永葆好奇（Learn and Be Curious）

领导者持续学习，不断提升自己。领导者对新的可能保持好奇心和探索欲。

- 择良才，育英才（Hire and Develop the Best）

领导者不断提高招聘和提拔员工的标准，慧眼识英才，并在整个组织中积极使用人才。领导者培养其他领导者，认真履行育人职责。我们建立新机制，帮助所有员工进步成长。

- 坚持最高标准（Insist on the Highest Standards）

领导者时刻秉持高标准，哪怕外界认为这些标准对多数人来讲过高过严。领导者通过不断提高标准，推动团队提供高质量产品、服务和流程。领导者杜绝不达标问题，有问题切实解决，采取改善措施确保问题不再重现。

- 目光远大，志存高远（Think Big）

狭窄视野中不会出现重大成果。领导者通过提出大胆的方针和路线指导获得成果。领导者以全新视角探索为顾客服务的一切可能性。

- 崇尚行动（Bias for Action）

商业世界速度为王。很多决策和行动可推倒重来，不需要大规模讨论。经过再三考量的冒险是有价值的。

- 勤俭节约（Frugality）

我们以更少资源实现更多成果。勤俭节约是孕育创新能力、自主意识和发明欲望的源泉。人力、预算及固定支出并非多多益善。

● 赢得信任（Earn Trust）

领导者专注倾听、坦诚说话、真诚待人。领导者直面自己的错误，即便会因此难堪。领导者不将自身和团队的错误正当化。领导者时刻以最高标准要求自己及团队。

● 刨根问底（Dive Deep）

领导者时刻关注所有业务，掌握细节，频繁确认现状，个别事例与指标不符时随时提出疑问。领导者眼中没有不值得关注的业务。

● 有担当，质疑并执行（Have Backbone; Disagree and Commit）

领导者有义务对自己不认可的方案表达质疑，哪怕这会带来不安和心力交瘁。领导者坚持信念，不轻易放弃，不随意妥协随大溜。但是一旦形成决议，就全面参与、全心投入、全力以赴。

● 拿出成果（Deliver Results）

领导者聚焦关键商业投入，高效率、高质量执行，直面困难，绝不妥协。

● 努力成为地球上最好的雇主（Strive to be Earth's Best Employer）

※以成为地球上最好的雇主为目标，这是追加条目。

● 成功和规模带来广泛的责任（Success and Scale

Bring Broad Responsibility）

※成功和规模伴随广泛的责任，这是追加条目。

第1条"顾客至上"是最为重要的领导力原则。

"Obsession"带有程度颇重的妄想、强迫观念、执着等意思。所以"顾客至上"是饱含执迷之语，希望"心为顾客而动，执着痴迷"。

刚入亚马逊时，我曾惊讶于这一条用词色彩之强烈。

说实话，当时窃以为"这么说还不是为了公司利润""真到经营决策时，还是会把利润摆在顾客之上吧"。鼓吹首要满足顾客理念的公司虽有不少，但实际行动时还是优先选择年度销售和利润指标者居多。

然而，在后来的日子里，我知道自己想错了。我在亚马逊工作的近6年间，从未见过在决策时，顾客满意度为公司利润让路。

领导层召开重要决策会议时，最优先考虑的常常是"这项决定对顾客有益吗？"比如"降低顾客购买成本"和"确保公司利润"多数情况下是利害相对的。但是，亚马逊会议上从未为"确保公司利润，相应提高用户付费标准"而做出妥协。

亚马逊未将"确保公司利润"和"让顾客满意"同等对待。"让顾客满意"是绝对的最优先事项，可谓是"圣域"。

将让顾客满意视为理所应当，首先考虑如何实现让顾客满意。得出结论后再考虑如何保证公司利润。

要二者兼顾通常需要一些创新，需要进行长期改革。比如为了 "提供低价商品" 的同时 "确保利润"，通过扩大销售规模、大胆推进成本系统化降低，大力开拓低价货源。

前面讲到，新追加的最后2条原则和原有的14条性质不同。以我一己之见，原有的14条表明了 "具体的工作方法" 和 "应施展的能力"，而最后2条 "成为地球上最好的雇主" 和 "承担社会责任" 更像是述说愿景和目标。所以本书以前14条为重点进行解说，以达成介绍 "可复制的机制" 的写作目的。由于详解14条会过于冗长，所以这里只点明要点，后面以专栏形式详述（专栏3：亚马逊 "领导力原则14条" 解说——依次创新5阶段）。

招聘和人事评价均以领导力原则为标准

名为 "我们的领导力原则" 的领导力原则，已经融入日常运作。

招聘员工时，首先要确定该岗位必备哪些领导力原则。

"这次招聘的营销人员，主要负责顾客动向数据分析和调查。该项业务需要的领导力原则是 '顾客至上' '刨根问底'

和'持续学习，永葆好奇'3项，所以面试时，围绕这3条准备问题，进行评价。"

"本次招聘职位是事业部门负责人，需要根据顾客需求进行战略判断，以极强的责任感领导团队。所以重点关注'主人翁意识''基本正确'和'顾客至上'3条领导力原则。"

此外，亚马逊还基于领导力原则进行员工人事评价。员工要接受团队成员和上司对自己领导力原则的反馈，了解自己的强项和弱项。根据结果决定自己今后重点努力的方向。已经能够发挥的领导力原则为强项，继续大力发扬。和期待水准有较大差距的领导力原则，需要弥补。个人通过制订年度计划说明如何弥补，并定期同上司讨论进展。

所有发言均援引领导力原则

在日常会议讨论中，领导力原则也频繁登场。

比如，某位团队成员提案的企划证据分析不足，领导者会反馈说："这次提案没有充分刨根问底，希望你再研究一下。"反过来，有时成员感觉领导者的提案会损害顾客的长远利益，也会指出"这个创意没有站在'顾客至上'的立场进行充分研究"。

如此，在所有讨论中都贯彻领导力原则成了亚马逊公司的内部特征。初入公司时我对此颇感不适。后来每天都听到这样的讨论,也就自然而然地开始运用领导力原则进行思考。在向周围人表达自己的意见时,也开始使用公司内的通用语,如"顾客至上""刨根问底"。

一年后,我就有了像工作多年的前辈一样的思考方式和行动方式,并以完全一致的路线行事。

行动指南在美国企业扎根的原因

通过巧用公司内共同行动指南取得成功的企业不只亚马逊。在美国,多数企业都制定了行动指南并成功应用。在我此前工作的通用电气日本公司,行动指南也充分发挥了作用。制定流程确保在人事评价、决策、行动反馈中应用行动指南,助其在公司内扎根。

很多日本企业也制定了行动指南,但将其深入公司各项程序中的企业并不多见。

这一现象有其背景。与日本企业相比,美国企业的员工构成多样,种族、宗教、母语等背景各不相同,且人才流动性高,很多人有跳槽的经历。

与此相对,日本企业多数员工是应届毕业即进入公司工作,直至退休,他们没有像美国企业那般体会到行为指南的重要性。现在，很少录用跳槽者的倾向虽已有所改观，但同美国企业相比，日本企业多数员工说同一种语言，拥有相似的教育和文化背景，似乎没有必要明确规定和强调原则，他们可能靠心领神会便能推进工作。

日美的做法各有利弊。

比起出奇创意，心领神会发挥作用的日本企业更善于通过持续改进提高特定产品和服务的质量，这是20世纪80年代日本繁荣的基础。但是如今直面"创新"这一课题，则需要向"增加多样性的同时，确定企业方向，朝着同一个目标迈进"的美国企业学习，学习其应对创新的过人之处。

专栏 1

"智囊团"
迪士尼有"组织"量产热门动画电影的原因

本书旨在说明亚马逊"有组织持续创新的机制"。除亚马逊外，很多其他美国企业也让我佩服，它们建立起成套机制提高成功概率并复制成功。

其中让我尤为佩服的是迪士尼动画工作室（Disney Animation Studios）名为"智囊团"的机制。

准确来讲，迪士尼称其为"故事会（Storytrust）"。"智囊团"机制原本由电影制作公司皮克斯（Pixar）创建，迪士尼收购皮克斯后，将其移植过来，称作"故事会"。而皮克斯则继续使用"智囊团"这一名称。在这里请容许我将两者合一，统称为"智囊团"。

接下来我要介绍"智囊团"的具体内容。这个案例使我认识到，在对创造性有极高要求的动画电影制作领域，也可以建立起"可复制的生产热门作品的机制"。此前我一直认为，高创造性属于一小部分天才创作家，它是机制之外的领域。

若是连动画创作领域都能机制化，那在创新方面应该也可以建立提高成功概率的机制，而非只期待特定个人的能力和灵感偶然发生。

正如大家所知，迪士尼动画创造了数不胜数的热门电影，如《冰雪奇缘》《长发公主》《莫阿娜》《无敌破坏王》《玩具总动员》等。

皮克斯和迪士尼动画为什么能生产如此众多的热门电影？是有什么秘密吗？是因为天才型导演和编剧吗？

调查一下每部作品的导演就能发现，并非是某位特定导演在不断量产热门作品。比如《冰雪奇缘》导演是克里斯·巴克（Chris Buck）和珍妮弗·李（Jennifer Lee），《长发公主》导演是内森·格雷诺（Nathan Greno）和拜伦·霍华德（Byron Howard），《莫阿娜》导演是阿尔弗雷多·佩雷蒂（Alfredo Peyretti），《无敌破坏王》导演是里奇·摩尔（Rich Moore）。所以，这种现象并非因为某特定导演。

是什么让这成为可能？

我通过咨询迪士尼有关人士，并查阅相关资料后了解到，皮克斯的联合创始人艾德·卡姆尔（Edwin Catmull）和约翰·拉塞特（John A.Lasseter）主导建立了可以高概率不断生产高品质作品的机制。在2006年被收购后，他们曾领导迪士尼动画工作室。

　　这个机制就是被称作"智囊团"的作品评审会议。每月召开一次，工作室的编导们汇聚一堂，观看制作中作品的内部试映。随后，包括该作品的导演和编剧在内，大家共同展开讨论。讨论的关注点在"应改善之处""无效之处""薄弱之处"及"无真实感之处"。

　　参与者只提建议，具体如何改善仍交由作品导演和编剧决定和执行。

　　"智囊团"给了导演和编剧听取同样高水平的同事们提出的坦诚意见的机会。有人因反馈意见非常尖锐，彻夜难眠，内心备受冲击。当然也有人会否定同事的意见，拒不接受。不过，只要能认真面对别人提出的问题，就有更大可能创作出更高质量的作品，去打动更多的观众。因为其他导演和编剧认为"应改善""薄弱"和"无趣"之处，影院里的观众多数会有同感。能在影片公映前被指出，这是一个难得的机会。

　　艾德·卡姆尔曾断言"所有'电影'，在创作之初都是不堪入目的'拙作'。"并且他还表示"皮克斯电影最初无趣至极，而让它'脱离拙作'，变得有趣起来是'智囊团'的工作。"

　　或许有人认为评审会"那不是很简单吗""每家电影公司都这么做吧"。

　　但是，提意见的"智囊团"成员都是一流的导演和编剧，而接受评审者本身又是个中高手，那么来自评审会的意见，就是强者之间撞出的火花。

也正因如此，"智囊团"虽然可以形成高质量讨论，却也不无顾忌。一群才华横溢的创作家聚在一起讨论时，有的导演和编剧非常自我，对再有道理的意见也不接受，并不算稀罕事。并且，对别人的作品坦率提出自己的意见也并非易事。要是语言过于委婉而掩盖了自己的真实想法，最后未能顺利传达给对方便不了了之。

解决这些顾虑，正是"智囊团"的功能。靠的是艾德·卡姆尔强大的信念——"认识坦率、卓越、交流、独到、自我评价的重要性，不限于言，付诸行动，不带情绪。"因为他坚信日常协作和坦率交流可以产生更富创造性的高品质作品。

在我知道"智囊团"机制前，一直认为动画电影是少数天才导演殚精竭虑的灵魂之作。吉卜力工作室有两位天才创作家宫崎骏和高畑勋。他们往往历经数年潜心创作，才向社会推出一部精彩作品。

吉卜力的代表作，几乎都是由宫崎骏或高畑勋兼编导于一身。比如《红猪》《天空之城》和《龙猫》，原作、编剧、导演都是宫崎骏，而《百变狸猫（又名：平成狸合战）》原作、编剧和导演又都是高畑勋。除此之外，吉卜力工作室还有很多热门作品，也都几乎由这两人各自包揽编导工作。

我很喜欢吉卜力出品的作品。两位天才巨匠的绝顶境界，难以模仿也不可超越。我认为吉卜力创造高品质作品的根源，在于同时拥有两位旷世奇才。这与迪士尼相较，似乎分别处于截然相反的两极。

皮克斯和迪士尼当然也有约翰·拉塞特这样的优秀创作家。而他参与"智囊团"机制，让工作室的所有作品都提升质量，并帮助培养未来的导演和编剧。皮克斯和迪士尼的愿望，是工作室不因任何人的离开而衰落，而是靠机制得以永续。看到现在很多导演创作出很多的热门作品，我觉得这个愿望实现了。

动画电影制作是最富创造性的业务领域之一，在这一领域成功建立起高概率实现成功并具有复现性和永续性的机制，令我备受鼓舞。在其他商务领域，各公司也能创建类似机制，一定能行！

第 **2** 章

亚马逊规避大企业"陷阱"的
机制和做法

不止亚马逊，所有企业成长至一定规模后，都将遇到一个难以绕开的陷阱，这种现象也被称作"大企业病"。

我相信很多人有过这样的经历："明明在工作现场看到了创新的萌芽，却因公司内部的各种掣肘，终被扼杀。"

比如在几年前，有个出版界的朋友跟我发牢骚说，现在纸质杂志市场规模逐年缩减，各杂志社都转而创建网络媒体平台。但是线上平台的销售规模和利润额都还不够大，而纸媒的销售额和利润额虽然呈下降趋势，绝对值却依然不小。所以，公司在不增加人力投入的情况下，展开双线作战，大大增加了每个人的工作负担，导致报道质量下降，结果是线上线下都没做好。

这就是克莱顿·克里斯坦森（Clayton M. Christensen）在《创新者的窘境》（*The Innovator's Dilemma*）中指出的大企业因破坏性创新而陷入存亡危机的典型案例。

对销售规模尚小的成长型事业，做何种程度的投入

我自己也有过类似经历。

2014年，我在亚马逊担任娱乐业务的负责人，其中包括经营CD和DVD等"实物音乐和影像制品"业务。

当时数字音乐部门的负责人忽然离任，我开始同时负责数字音乐和实物音乐制品两个部门。

在亚马逊，通常不会由一个人兼任数码和实体两个部门。但由于当时即将上线金牌会员音乐流媒体服务prime music（金牌服务会员可免费收听定制音乐的播放平台），所以在新负责人到来之前，我暂代这一职务。

当我刚听说数字音乐部门的人员招聘计划时，着实吓了一跳。以当时的音乐市场现状，实物音乐制品的市场规模要比数字音乐大得多，两者之间存在着位数级别的差异。但当年这份招聘计划却十分庞大，让人分不清究竟谁才是音乐业务的主力军。亚马逊一向重视中长期成长，正是出于对这一基本方针的坚持，才有了这份数字音乐部门大幅增员计划。

虽然，我乍一听说的反应是"为什么"，但很快便意识到自己产生了"大企业陷阱"式的思维，局限于本位立场，无视数字音乐更有前景和成长性的事实，只考虑本部门的优先发展权。

朋友所抱怨的出版社和亚马逊商业模式不同，无法简单比较。但仅此一事便可说明亚马逊不受限于短期利润，敢于做长期投资。一般的日本公司在这方面还有不小的差距。

贝佐斯曾预测到 "创新的困境"

我2013年加入亚马逊时，它已经是一家大型企业，而那时公司内部早已建立起规避 "大企业病" 的机制。

依我的想象，贝佐斯预料到亚马逊终将会直面大企业病的风险，所以提前建立了规避机制。克莱顿·克里斯坦森在《创新者的窘境》一书中讲到了大企业因破坏性创新而灭亡的窘境。想必贝佐斯也读过这本书，所以才研究了大企业可持续创新的方法。

为什么能事先建立起这样的机制——当时那种不可思议的感觉至今还记忆犹新。

答案恐怕还是要归结于贝佐斯货真价实的 "顾客至上" 这一宗旨。

所谓大企业病，因 "本公司现状优先" 而生。极端点说，虽然 "守住既有商业成果" 和 "保住既有就业岗位" 也是 "本公司现状"，但如果把 "顾客至上" 作为至高原则，前二者就不能成为经营管理的最优先事项。事实证明，想 "守成" 和 "保岗"，持续创新才是长久之道。而持续创新的动力源，又是以顾客需求为导向的经营理念。

都说日本企业特别是大企业有 "延变/厌变" 的特点。不过，有此问题的并不只是日本企业。因此贝佐斯才早早为亚马

逊建立起规避大企业病的机制。这套机制可供所有企业参考。

本章将介绍亚马逊应对以下6个问题的机制和做法：

大企业陷阱 **1** > 新业务负责人兼顾原有业务，分身乏术

　　对策 >> 单线程领导

大企业陷阱 **2** > 现有业务优先，新业务资源不足

　　对策 >> 鼓励自身蚕食

大企业陷阱 **3** > 以新业务成败论负责人的"功罪"

　　对策 >> 从输入端展开评价

大企业陷阱 **4** > 现有业务的目标设定规避挑战并形成公司
　　　　　　　文化

　　对策 >> 为现有业务设定成长性目标

大企业陷阱 **5** > "现有核心事业"圣域化，相关干部把控
　　　　　　　权力

　　对策 >> 以"成长性"而非"规模度"进行考核评价

大企业陷阱 **6** > 规则优先，员工被动等待指令

　　对策 >> 全员领导者

大企业陷阱1
新业务负责人兼顾原有业务，分身乏术

对策 >> 单线程领导

"单线程领导"理念是亚马逊不断进行破坏性创新的保障之一。

"单线程（single-threaded）"原本是编程领域的术语，和"多线程（multi-threaded）"相对存在。

线程是程序处理单位。同时处理多分支线程的程序叫"多线程"方式，线程无分支，只处理一个进程的叫"单线程"方式。

亚马逊所执着的"单线程领导"是什么？

亚马逊用"单线程"概念表达层级隶属的形态。顾名思义，就是重要创新项目的领导者，是"单线程"而非"多线程"的。

"单线程领导"有两层意思。

其一，含项目结果在内，领导者对一切负责。也就是说，领导者是拥有一切决策权的唯一存在，包括对战略和资源调配

的决策权。换言之，绝不另设其他决策系统对其掣肘。而且，领导者必须掌控项目进展的关键技术等要素。

其二，项目领导者要将自己的精力百分之百投入项目中去，不兼顾其他。所有时间都只专注一个项目，用全身心的投入来推动项目进展。

大企业创新的障碍在于决策过程的复杂和迟缓。将项目负责人从这种障碍中解放出来，是单线程领导制的原则。

他们被容许做一切决策，专职负责新业务，心无旁骛，像一名创业者那样。论起单线程领导制，就是亚马逊在庞大的企业内部创造类似创业者和风险项目团队的机制。

并且这种"亚马逊内部风险企业"，还享有真正的初创企业通常享受不到的待遇——充裕的资金和人才。因为有超大母体提供资金，"亚马逊内部风险企业"的领导者不必为融资东奔西走，耗费精力。而创业者都会遭遇的优秀人才缺乏的难题，也可以通过从公司内部招揽来轻松解决。创业者还被允许依靠亚马逊长年打下的技术基础和顾客基础。下一章将详述的"S团队"等组织中，也会有在开创新业务方面经验丰富的干部给出的绝佳建议。

如此，亚马逊集初创企业和风险企业的长处于一身，单线程领导制是使之成为可能的重要机制之一。

为什么要让他 "兼任" 新事业负责人呢？

刚开始进入电子书领域时，贝佐斯让原纸质书业务负责人担任此项新事业的负责人，并要求他完全脱离纸质书业务，全力专心发展电子书业务。

从处理与出版社的关系一直到营销手段，电子书和纸质书有很多共同点。这两项业务交由一人负责与领导，看上去也是个不错的选择。但贝佐斯认为，为在电子书这一全新市场构筑全新的顾客体验，有必要切断负责人与原有业务之间的联系。

贝佐斯做出这一决断的背后也许还有关于内部竞争的考量。若是一人同时负责纸质书和电子书，注意力难免会偏重于纸质书。这是因为当时纸质书业务的销售额和利润都很可观，是产生效益的重要板块。贝佐斯认为如果想要避免相互消耗，高效挖掘电子书业务板块的潜力，就要让业务负责人与纸质书业务彻底割裂。

话虽如此，2004年做出这样的决定，也需要相当大的勇气。当时亚马逊的纸质书业务发展势头正猛，其负责人在亚马逊应是毫无疑问的核心骨干。指派如此重要的人物去负责全新业务，并将其从核心业务中完全抽离，不容兼任。这样的决心正是亚马逊不断实现破坏性创新的基础。

请读者朋友据此设想一下自己公司成立新业务部门，最高管理者已经向全公司宣布，推进新业务将是公司的最优先事项。

- 大家都清楚被全权委任的项目负责人是谁吗？
- 该项目负责人可以不经其他部门同意做出决策吗？
- 现行体制下，被赋予全权的责任人能将时间百分之百用于该项目吗？

如果上面三个问题有一项为"不"，那么该项目领导者的处境则不如一般创业者。

无"双系统汇报路径"是亚马逊的特异性

亚马逊以外的全球企业，一般都采用名为矩阵式结构的组织形态。

矩阵式结构将组织分为双轴。最常见的是一方为职能轴，如"销售""进货""物流"等。另一方是项目（"图书""影像光盘""家电"等）或地区/国家（"北美""日本"等）轴。

在矩阵式组织结构中，原则上成员有两重身份和任务。诸如"图书销售（图书×销售）"和"日本物流（日本×物流）"等。

两重身份和任务意味着两条报告路径。比如，"图书销售"的员工，有事需向"图书"和"销售"两个部门上级报告。

这两轴一般分为"主"轴和"从"轴。向主轴上级报告叫"直线报告"，向从轴上级报告叫"虚线报告"。

以刚才的列举为例，在以"图书"和"家电"等销售品类为"主"轴的结构中，向"图书"部门上级报告叫"直线报告"，向"销售"部门上级报告叫"虚线报告"。

说句题外话，从轴之所以被称作"虚线报告"，是因为其在组织结构图中多用虚线表示。与此相对，主轴的"直线报告"在组织结构图上用实线表示。

外资企业工作的朋友或许将上述方式视为常识，但是初次听说的朋友会觉得很麻烦吧。以我在外资企业工作的经历，要求直线和虚线双系统报告会影响效率。

我在通用电气感受到的矩阵式组织结构的利弊

亚马逊是少有的没采用矩阵式组织结构的全球企业，它不要求直线和虚线双系统报告。依我之见，这是因为亚马逊在比较了矩阵式组织结构的利弊后，判断这种结构在"推进创新"方面弊大于利。

下面结合我在通用电气日本公司工作的实际感受进行说明。

当时，我担任日本事业开发负责人，主要推进通用电气在日本的并购和战略合作业务。工作中我除了要向通用电气日本公司最高责任人做直线报告，还要向亚洲事业开发负责人做虚线报告。通用电气是一家全球企业，日本事业的开发，要和亚洲乃至世界各国通用电气事业开发保持战略同步。所以我当时认为做虚线报告既正当又必要。

环顾四周，不只我一人，几乎所有管理层干部都要做双系统甚至三系统报告。每次有什么大报告会，管理干部便疲于撰写给各相关部门的报告。为此耗费的时间、精力成本，绝不可小视。虽然给相关部门的报告及其调整过程，可以看作是改进创意的过程，但是在这个过程中创意被磨平棱角趋于平庸也是事实。

我在通用电气日本公司工作时，通用电气首席执行官杰夫·R.伊梅尔特（Jeffrey R. Immelt）积极推进"绿色创想（ecomagination）""健康创想（healthymagination）"等战略。2015年又发表了"数字工业公司（digital industrial company）"战略，表明了旨在"整合与利用数字技术和产业机器"的方针，彼时我已离开了通用电气日本公司。之所以该战略没有在伊梅尔特任上取得成功，原因有很多。不过，我认为其中一项原因在于复杂的矩阵式组织结构延缓变革，员工效率跟不上伊梅尔特的思考速度。

多次调整的利弊

矩阵式组织结构中，项目领导者做决策时，需要向两条线上的上级报告，征求意见。这自然会造成沟通成本上涨，调整次数增加也会增加妥协的可能性。多次检查和调整，确实能降低各种风险，但不可否认会牺牲创意的锐度和项目的推速。

比起前者，亚马逊更惧怕牺牲后者。

在亚马逊，无论是日本市场项目还是美国本部的项目，从未被要求过事先请示报告，自然也不会有人收到这种报告。之前讲过，亚马逊会议也没有任何会前的疏通和打招呼。没有公司内政治，组织得以快速运作，同时推动产生创新。

以上是亚马逊不选择矩阵式组织结构的原因及其好处。但矩阵式组织结构依然适用于一些特定行业和企业。特别是在不容过失的医疗行业以及重视稳定性的基建和金融行业，冒险求速和反复试错（trial and error）弊大于利，一次犯错就会带来致命失败。

而如今，多数日本企业面临"创新"问题，解决方案则可以充分参考亚马逊以创新与失败相伴相生为前提进行创新的理念和机制。

大企业陷阱2
现有业务优先，新业务资源不足

对策 >>鼓励自身蚕食

想到一个新业务创意，找上司商量时，对方却面露难色说："创意是很好，不过咱们公司有××业务，会引起内部竞争吧。"在中大型企业工作的朋友，应该不少人有过类似经历。即使发现大有前途的业务，也会因为和现有业务可能发生"侵蚀效应"，而难以推进。

而亚马逊却始终贯彻"自身蚕食"原则。如果判定新业务创意能够为顾客提供前所未有的价值，且大有前途，便毫不犹豫大力推进，即使会因此淘汰最赚钱的现有业务。

电子书业务，日本企业比亚马逊起步更早

亚马逊电子书就是这样的新业务。

20世纪90年代后期，亚马逊创业还没多久，主要营收来自图书、音乐光盘、影像光盘等媒介商品业务。这类商品的特点是单品数量庞大，实体店想完全陈列需要很大空间，而网店网售则消解了这一困扰。特别是"长尾"商品的销售是亚马逊的

优势项。所谓 "长尾" 商品是指并不热销，却也有人非常想要并特意寻找的小众商品。实体店铺空间有限，经营低周转率的 "长尾" 商品很难盈利。而网售 "长尾"[①]商品虽然也会因产品积压导致成本上涨，却比实体店要好得多。并且图书和音乐光盘类商品体量小，运费较低而单价较高，网售可以实现一定程度的盈利。另外此类商品还有顾客口碑带动销量的优点，适合网售。

不过，不久又出现了更适合销售 "长尾" 图书等商品的新媒介，即以数字方式传送图书、音乐和影像。

电子书业务始于20世纪90年代。日本索尼率先开拓该领域，于1990年7月发售电子书阅读器 "DATA Discman DD-1"，2004年4月发售了 "LIBRIe" 电子书阅读器，其 "电泳式电子

[①] "尾"（tail）和 "头"（head）相对应，是两个统计学名词。正态曲线中间突起的部分叫 "头"；两边相对平缓的部分叫 "尾"。大众的流行性需求大多集中在 "头" 部，而分布在尾部的需求是小众的差异化和个性化的需求，通常单品销量少，会在需求曲线上面形成一条长长的 "尾巴"。所以长尾商品通常被看作冷门商品。2004年10月，美国《连线》（WIRED）杂志主编克里斯·安德森（Chris Anderson）在发布在自家杂志的文章中第一次提出长尾（Long Tail）理论，关注到那些原本不受到重视的小众冷门商品由于种类多总量巨大，累积起来的总收益超过主流产品的现象。——译者注

纸"屏幕比液晶显示屏更省电，对眼睛也更友好。1995年11月，富士线上系统开设了日本第一家电子书商铺"电子书店papyless"，而亚马逊销售电子书则是在12年后。

从那时起，大家都认为图书电子化毫无疑问是一个长期趋势，却没有谁能预测究竟何时实现。可以说是处于无法看透"未来'产品、服务'和'需求'的交互点"的状态。所以虽然有很多企业进入该领域，却没有规模化的投资。

以壮士断腕的决心致力新事业

2004年贝佐斯做出一个重要决断，进军电子书业务领域。而在这之前的10年时间里，日本的电子书业务始终不见起色。前文提到，贝佐斯指派当时最赚钱的图书网售业务的负责人转任电子书项目。公司内部传言贝佐斯指示"要以终结纸质书存在价值的勇气去全力发展电子书业务"。这个目标非常了不起，相当于以毁灭自己的方式寻求涅槃与重生。

2006年亚马逊财报净利1.9亿美元，相对公司体量，这是一个稍显局促的数据。这种情况下，收缩电子图书业务，通过现有业务的稳定盈利完成企业积累，似乎是个合理的选项。相同情况下，多数经营者恐怕都会如此判断和行事。

而在亚马逊，贝佐斯做的是通过提高效率使现有图书网售业务能够以低资源运营。同时把更多的人力和技术资源分配给前景广阔的电子书业务。

数字化浪潮席卷音乐光盘和影像光盘等媒介商品。美国苹果公司2001年10月发售第一代iPod,以此为拐点,越来越多的人不再购买音乐光盘和影像光盘,而是热衷于线上下载数字化音乐和影像。进入这个领域后,亚马逊并不顾忌对现有业务的自身蚕食,义无反顾推出了电子影音下载服务,又相继建立起包月会员制的"prime video"和"prime music"流媒体平台。

不因惧怕对现有事业的自我蚕食而驻足,而是以消灭现有事业的胆识开拓新事业,这就是亚马逊。它毫不动摇的姿态,带来不断涌现的创新。

不惧怕自身蚕食的出发点是"顾客至上"

为什么亚马逊不怕自身蚕食呢?

在于"顾客至上"这个出发点。购买什么,选择权在顾客而非产品和服务的提供商。

开创新事业形成自身蚕食现象,现有业务是否受到威胁并不取决于企业,而是取决于顾客的选择。在将"顾客至上"奉为领导力原则首位的亚马逊看来,及时推出顾客更需要的产品和服务才是王道。如果因此威胁到公司的现有事业,也只能接受现实。

实际上在推进电子书业务过程中，亚马逊选择的是提高现有纸质图书网售业务的运营效率，它没有被动接受纸质图书销售额减少，而是贯彻"继续扩大图书供应的细分类目"和"继续追求无货商品数量最小化"的基本方针。亚马逊还努力推动纸质图书事业的创新和发展，比如推出了可单册印刷的"定制印刷"服务。至于是否接受这些创新，最后还是由顾客判断。

在关于电动汽车的议论中，"顾客"流失

如今，因侵蚀效应或自身蚕食问题产生出巨大困扰的，非汽车行业莫属。

一直以来，燃油车都是汽车主流，但中长期预测电动汽车（EV）将取而代之。通用汽车（General Motors Corporation，简称GM）和沃尔沃（Volvo）分别宣布在2035年和2030年前停止销售燃油车，全面转向电动汽车。与国际动向相比，日本汽车制造商对电动汽车替换燃油车并不积极。

我听到的理由之一是关于"电动汽车是否真的环保"。有人认为，为电动汽车提供动力的发电站，如果是火力发电，其二氧化碳排放量可能比燃油车更高。还有人认为"一股脑转向电动汽车，会危及就业。当前需要继续生产燃油车，从而保住现有工作岗位。"

这些讨论很好，很重要，也很有必要。遗憾的是，我几乎没听到有人讨论 "顾客会选择哪一种"，顾客的存在并没有进入讨论核心。

如果国际上全面停止制造燃油车，电动汽车成为标准，并且多数日本国民选择购买电动汽车，那么无论日本汽车制造商是什么意见，也不能扭转趋势吧。

我想起20世纪80年代，有些人强调 "黑胶（LP）唱片音质好，音乐光盘不会大卖"。现在人们又开始热议黑胶唱片复兴。但事实是20世纪90年代的顾客选择了音乐光盘。当然，音乐光盘和汽车涉及的劳动者数量、产业规模、产业基础都大不相同，决策复杂性也相差甚远，但顾客拥有购买选择权这一点是相同的。

汽车产业是日本经济的中流砥柱，我选择相信即使未来顾客的购买偏好发生重大变化，汽车产业也已经做好了充分的应对准备。

若惧怕自身蚕食，就会被新兴企业夺走市场

以本章开头我那位出版业界朋友的抱怨为例，网媒销售量现在虽小，如果确信其有良好的发展前景，就应该集中投入资源。否则，迟早会被专攻网媒的新兴企业抢占先机。所以要最

大限度提高现有事业也就是纸质杂志业务的运营效率，再将主要资源投向代表未来的网媒领域。届时，最高决策者选拔最强人才担任网媒负责人，指示他"要拿出干掉纸质杂志的决心和雄心"。如果要模仿亚马逊，大概就是这样的剧本吧。

2013年贝佐斯收购《华盛顿邮报（ *The Washington Post* ）》后，提出"数字优先（digital first）"，一鼓作气推进数字化改革，利用4年时间扭亏为盈。其间他敢于投入，优先招募数字化专业技术人员及采编人员。采编人员的招募不仅要满足华盛顿地区的读者需求，还扩大至可覆盖全美乃至全球读者的信息需求。新闻数字化后，读者随时可以接收最新消息。华盛顿再重要也不过是一座城市。利用数字化新闻的特性，将信息接收对象扩大到全世界后，《华盛顿邮报》的广告收入剧增，最终实现了盈利。

我在亚马逊工作的那段岁月中，从未听说过"保住现有事业利润"和"控制新事业投资额度"之类的说法。

大企业陷阱3
以新业务的成败论负责人的"功罪"

对策 >>从输入端展开评价

大企业尝试创新时，最大障碍之一是"风险厌恶"。

挑战破坏性创新通常伴有风险。和推动现有市场发展的延续性创新不同，破坏性创新试图从零开始创造前所未见的市场，所以不可能通过市场调查等常规手段预测风险。对新事业发起的挑战，多数会以失败告终。但如果持续进行挑战，一次成功便能获得巨大回报，弥补之前数次失败造成的损失都绰绰有余。这就是破坏性创新。

贝佐斯坦陈，亚马逊持续进行过无数次创新，失败远多于成功。

应该如何评价"亚马逊手机"的失败？

我进入亚马逊的第二年也就是2014年，美国本部召开了世界各地干部级别员工参加的领导力会议，我也有幸参会。在会议上，一位高级副总裁给大家展示了刚发售的"亚马逊手机（Fire Phone）"。它也就是引起热议的亚马逊制造的智能手机。

他掏出其他公司制造的智能手机，现场拔出SIM卡装进亚马逊手机，然后高高举起，大声宣布"现在开始，我就用这个手机了！"

我拿在手里看了看，比我用的苹果手机（iPhone）纵向稍长，搭载三维立体画面显示和物体识别等高端功能，"这太厉害了，希望早日在日本发售"，我非常激动。但是，产品在美销售受阻，还未开展海外销售便已停售。据说该项目给亚马逊造成的年摊销费高达1.78亿美元。

"亚马逊手机"项目的开发，当然也是先撰写了新闻稿和常见问题。在此基础上，项目组成员经过充分讨论，确信能满足顾客需求才向市场推出。然而最终还是没能弄清楚顾客是否真的接受该产品。所以即使尽到最大努力，也无法保证破坏性创新的绝对成功。

"亚马逊手机"失败了，但是亚马逊并没有停止电子设备研发。后来以"亚马逊手机"的失败为教训，开发出搭载人工智能语音助手"亚历克萨"的智能音箱"回声"，一经发售即成热销商品。

大量的失败经验如果能催生少数几个项目成功，亚马逊便会加速投资该领域。第一代"回声"取得成功后，又接二连三将"回波点（Echo Dot）""回声秀（Echo Show）""回声点（Echo Spot）""回声播音室（Echo Studio）""回声车载语音（Echo Auto）"等后续机型投放市场。亚马逊对初现成功的项目集中投资是"双倍下注（double down）"的典型案例。

挑战创新与失败，是"密不可分的孪生兄弟"

贝佐斯表示，破坏性创新和失败的风险，是密不可分的

"孪生兄弟（twins）"。贝佐斯在2015年的《致股东信》中有以下记述。

> 失败和发明创造是密不可分的孪生兄弟。想要发明创造，你就必须做出尝试，如果提前知道此事可行，那就不是一项尝试。几乎所有大型企业都接受创新的理念，却不能容忍实现创新所必经的一系列失败的尝试。
>
> 假如有那种10%概率获得100倍回报的赌局，你必须每次都参赌。但是参赌10次会失败9次。

贝佐斯在公司内外重复过多次类似的发言，可见其非常重视通过冒险去挑战创新。

容许 "1胜9败"，需要机制

亚马逊产生优秀企划案的机制，如第1章详述的新闻稿和常见问题。团队以新闻稿和常见问题为基础进行充分讨论，探寻 "3～5年后未来'产品、服务'与'需求'"的交互点，成员由此相信 "那里必然会有顾客"。同时判断该产品、服务由亚马逊而非其他公司提供，是否能够最大化地满足顾客需求。但是，现实毕竟不是假想，很多事业仍然以失败告终。

亚马逊如何应对这些风险呢？亚马逊的应对方案中仍然有给日本企业以启示的机制。

项目失败和人事评价脱钩

"冒险"开创新事业，有两个侧面。

一个侧面是公司容许一定的损失。

另一个侧面是对新事业负责人的个人评价。

正如贝佐斯所言，如果认定破坏性创新是"10%概率获得100倍回报"的赌局，那么多数大型企业会参赌。只要有1次大规模成功，所获回报就足以弥补所有失败的损失。

但是负责失败项目的那个人会是什么命运呢？一个人在职业生涯中承担项目的机会有限，所以很难站在像公司一样"增加参赌次数，一次成功即可"的立场。特别是亚马逊秉持"单线程领导"原则，新事业负责人还不能兼任其他事业。

如此一来，公司方面只要回报大于风险便万事大吉，但多数失败项目的负责人则再难出头，甚至再无机会。

然而，在亚马逊无须为此退缩。

因为亚马逊有相应的机制，保证创新项目的领导者和成员不会因项目"结果"而受到负面评价。

对创新项目组成员进行评价的重点不是看"成功与否"，而

是看项目推进 "过程中的贡献"，即 "是如何推进项目的"。

亚马逊的人事评价分为 "输出端（output）" 和 "输入端（input）"。

"输出端" 指事业创造的销售额、利润和现金流等结果。而 "输入端" 则是指为创造产出过程中所准备的一切资源总和。例如，对于负责电子商务的员工，"上架的商品数、价格、配货量" 和 "送货时间" "制作的商品页面" 等都属于输入端。

亚马逊的基本观点是，我们能够控制的只有输入端，输出端只是结果。所以每日检查、改善的对象是输入端指标，人事评价的基准也主要是在输入端的贡献度。

人事评价更重视输入端的原则，不仅适用于现有业务，还贯彻于创新项目的始终。如果最终能够成功创新，为公司带来巨大的销售利润，自然能够获得较高评价。但即使失败了，也不会因此受到较低评价。只要全心投入并付出了真正的努力，就能得到公正评价。

对参与失败项目的成员进行评价时，参考基准大致如下：

- 是否合理利用新闻稿和常见问题，站在顾客立场深挖创意？
- 是否从公司内外选拔优秀人才进入项目组？
- 是否基于新闻稿和常见问题充分提高产品和服务的质量？

- 是否选择并实施了合理的营销手段？
- 是否及时执行研发及营销相关政策？

即使"输出端"不亮眼，如果根据以上评价基准，被认定基于合理程序积累了优秀的"输入端"，便能获得较高评价。反过来讲，有时即便碰巧获得了良好的"输出端"成果，如果在"输入端"评价较低，总体评价也会相应降低。

项目即使归于失败，如果"输入端"很优秀，就说明项目领导者和成员都出色地完成了工作，只是因为某些不可控因素没能成功。基于以上判断，可以得出结论：这个团队具备再现高水平"输入端"的能力，如果有其他挑战创新项目的机会，值得再次委以重任。

相反，即便是创造了高"输出端"项目，如果"输入端"水平较低，那他们的成功有很大可能是因为外部因素带来的幸运，会被评价为"不具备再现能力"。

大家周围也有这样的例子吧？一些创造了巨大成果的项目，与其说是领导者手段高明，倒更像是走大运，碰巧击出了本垒打。针对这种情况，亚马逊有合理的评价机制。

出现成功项目时，亚马逊会通过"输入端"评价将负责人的贡献可视化，辨明是偶然成功还是具备再现性的成功。

如果是通过可再现手段击出了本垒打，评价最高。若是碰巧击出本垒打,短期报酬会增加。如果手法卓越且具有再现性,却没能完成本垒打,评价也不低,下次还能获得机会。

亚马逊通过以上评价手段,抛开项目本身成功与否,发掘创新之源——人才的适用性。这种评价手段可以点燃员工不惧失败持续挑战的热情,有助于增加投身参与挑战新产品和新服务项目的员工数量。

但亚马逊并不容许员工一开始就抱着 "失败了也没事" 这种满不在乎的态度。以这态度工作,"输入端" 的质与量都不会高,自然就无法获得高评价。即使你以 "绝对要成功" 的气概和热情,拼尽全力去挑战创新,最后以失败告终,但是却因为你全身心的投入,即使失败,评价也不会降低。

大企业陷阱4
现有业务的目标设定规避挑战形成公司文化

对策 >> 为现有业务设定成长性目标

经常听到有人抱怨没有新事业,新事业难发展。当你为此而烦恼时,不妨先重新审视常规业务的目标设定。

比如,我有时听到总务部门的人感叹,"我们部门,工作完美是 '理所应当',稍微犯点错就挨训。没人表扬也没人感

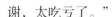

谢，太吃亏了。"

在这种公司，都认为总务部门"按部就班就行""维持现状即可"。但是，真的是这样吗？在高呼数字化转型的今天，完全可以挑战"业务效率提升50%"的目标，若能达成，必然会有人大为赞赏。

不只总务部门，公司所有业务部门都可以提出更高的目标，这就是创新的丰沛源泉。

亚马逊有此类机制。

任何部门的目标都要纳入"小创新"

每年年初，亚马逊各事业部门都要制订"运营计划（operation plan）"也就是当年的发展目标。设定众多指标，如"销售额"和"利润""商品数量的充裕度""库存（inventory）合理度"等。

看数字感觉每个部门都提出了很高的目标。无论是个人目标还是部门目标，都设定在"重复以往做法"无法完成的水平。

虽说目标很高，但也没高到无法完成的程度，而是通过一些哪怕很小的"创新"就有可能实现。

这里说的"小创新"，包括导入新的系统工具提高工作自动化，开拓新的供货方，追加全新商品，诸如此类。如果将这些"具有一定实现可能性的挑战"纳入计划，工作目标值将大幅提升。

如果将常规业务的高目标值视为理所当然，那么被分配到新产品或新服务项目时，就不会觉得自己承担了一项特别的"艰难业务"。虽然被选为破坏性创新项目的领导者或成员很自豪，但是同现有业务进行延续性创新相比，两者难易程度并无很大差异。只是困难造访的地点和时机以及困难的种类不同——进入亚马逊工作以后，我产生了这种感觉。

有了这种感觉后，另一种感觉消失了——不再感觉挑战新事业"风险更大"。即使是现有业务，也要设定不输于新事业的挑战性目标且风险同等。

通用、思科、索尼都曾实践的"伸展目标"

全员设定高目标，也就是所谓的"伸展目标（stretch targets）"，无论是从降低创新门槛还是从锻炼人才意义上来说都至关重要。

我此前工作的通用电气日本公司，以及思科系统，都曾设定"伸展目标"。比如，今年应达成的最低目标是"上一年的105%"，目标伸展为"上一年的130%"。要获得高评价，必须以"上一年的130%"为目标，只完成"上一年的105%"远远不够。按部就班地走在既有运营轨道上很难达成伸展目标。因此，不进行某种创新哪怕是延续性创新，将无法获得高评价。由于所有员工都被要求年度目标伸展，所以全员时刻都在思索创新材料。

虽然不可能每一年度都能有创举并实现，不能完成伸展目标的年度却也不多见。尽管有未完成的可能性存在，但有意识地进行工作创新和满足于既有工作方式，长期来看，无论是组织成就还是员工个人能力都将大相径庭。

1991年的索尼提出"比上一年度增长20%"意味着什么？

1991年，我所在的索尼某国内事业部门制订了"销售额比上一年增加20%"的事业规划。当时正值泡沫经济崩溃，各家企业为维持上一年的水平都要绞尽脑汁，更不必说比上一年度增加20%了。正是在这种背景下，索尼提出了这一目标。

但是，部门内没有一位员工说"这不可能"。当时群策群力的情景在我的记忆中依然鲜明。虽然最终"比上一年增长20%"的目标没能实现，但提出原有轨道无法抵达的高目标，并为此齐心协力不惧挑战，这本身有着开启未来的积极意义。

同一年，我和一位在老牌重工业企业负责企划的朋友聊天。他说泡沫经济崩溃后，他们公司面对现实制订了"比上一年负增长"的事业规划。当我告诉他我们部门提出了"比上一年增长20%"的目标后，他大为吃惊，"虽然只是一个事业部门，但由此可见，索尼是一家了不起的公司。"

以每年5%的速率成长，15年后能力将翻倍

当然，并非每一位亚马逊员工从一开始就态度积极，"自己也要创新，为顾客创造新的价值"。有些员工强调"就目前的产业环境，定这么高的目标太搞笑了，以前工作的公司不会这么不切实际。"

在亚马逊，任何观点都可以自由表达，并且受到鼓励。我看在眼里，感觉身处亚马逊这种挑战风险如此低的组织内，不进行挑战实在"太可惜了"。有些人在深入了解亚马逊的领导力原则，看到身边的同事积极挑战创新，自己也接受相关培训后，渐渐改变了想法。

挑战只有通过创新才能达成的高目标，可以通过复利效应提升开发能力。如果每年让能力提升5%，15年后就是现在的2倍。这种复利效应对个人和组织均有益处。如果全员都通过挑战伸展目标，不断提升能力，在复利效应的作用下，数年后个人和公司都将脱胎换骨成为异常强大的存在。

如前所述，员工挑战创新有一定的个人风险，可能会因挑战失败招致低评价。但同时，亚马逊的"输出端"和"输入端"双评价机制限制了这种风险。

大企业陷阱5
"现有核心事业"圣域化，相关干部把控权力
对策 >> 以"成长性"而非"规模度"进行考核评价

随着事业规模的扩大，亚马逊员工数量激增。有新闻说"2020年亚马逊全球员工数量新增50万人"。

但是并非各原有事业部门人员都在持续增加。事实上，亚马逊正大力向肌肉型企业发展，不断推进现有业务系统化、高效化。即使事业规模扩大，人员也不会对等增加。将节省的人力资源投向为顾客提供新价值的创新型项目，是亚马逊的基本方针。

通过技术提高效率，人力资源投向新事业

以"库存经理"和"网页跟单员"为例，亚马逊的"库存经理"负责进货和管理库存，"网页跟单员"负责设计产品销

售的网页。此类工作，软件可代为执行的部分越来越多。亚马逊在全公司推进省人化管理，前提是为顾客服务的水平不降反升。

推进省人化管理后，库存经理和网页跟单员等岗位就产生了冗员。亚马逊希望通过培训，让这些人能胜任新的岗位。这样既实现了公司的运营变革，也使员工个人完成自我变革。

在亚马逊，每个部门的员工都要定期接受领导力原则教育，并熟练掌握。这样做的目的就在于让每个亚马逊人都能以满足顾客的新需求为目标，在新的领域大展身手。

新事业，从召集成员开始

多数情况下，亚马逊为新事业招募外部人才，以新闻稿和常见问题企划书获得认可、新项目立项为契机。

在亚马逊，以新闻稿和常见问题形式提案的项目获得认可后，首先是选定该事业的领导者。或是从公司内部选拔，或是从外部招募。然后由被选定的领导者牵头，从公司内外招募成员。

登录各国的亚马逊公司官网，都能看到 "人员招聘" 栏。点进去看一看，一定会为招聘岗位数量之多、种类之丰富而惊讶。如 "数据科学家" "经济学家" "公共政策经理" 等。随着创新项目推进和业务领域扩展，亚马逊对人才种类和数量的需求也逐年攀升。关于新事业创建后，如何选聘领导者和成员，公司内部选拔和外部录用的手续大同小异。

在公司内部选拔领导者时，曾经做出过成绩，且实践方法具备再现性的能力突出者，才能成为候选人。正如前面所讲，评价工作能力时，比起成果，亚马逊更看重"输入端"的表现。并且，选拔时极为重视对象是否具备16条领导力原则，尤其是其中对发展新项目特别重要的几条。

亚马逊没有定期人事变动的机制

被选为新项目领导者的人，如果是公司内部人才，一般都有原岗位责任在身。不过，在征询个人意见时，选择转任新项目领导者的占多数。

许多人原本就是出于挑战新事物的动机选择了亚马逊。并且，在亚马逊即使挑战失败也不必担心仅仅因为结果而招致负面评价，安全感助推了挑战精神。另外，这一层次的人才足够了解亚马逊所需的领导者资质——持续创新能力。领导者展现出挑战创新的姿态，并以此培养项目成员的创新意识。尽管这些创新不知能否成功，甚至失败的可能性更高。这是亚马逊的领导者们的重要职责之一。

亚马逊没有定期人事变动的机制。新项目的领导者和成员，即使最终由高层拍板，最初也是采取自愿报名参加公司内部招聘的形式。应聘人员要提交履历书，简要汇总进入公司前的工作经历以及进入公司后取得的业绩，接受项目相关组织管理者和人事部门的面试。外部人员报名，选拔手续也基本相同。通过简历和面试，判断应聘者是否具备该业务尤为注重的领导力原则，没有人情和公司政治发挥作用的余地。

关于人员录用和调动讲了很多，我想强调的只有一点：虽然亚马逊员工激增，但是通过极力推动现有业务高效化，有效预防了组织臃肿。换言之，"不会因员工现有事业为公司发展做出了巨大贡献，而对其特殊对待。"也可以说，在亚马逊的业务版图上，没有"圣域"。

原有核心事业是否成了圣域？

日本大型企业的员工计划，多数是根据事业规划所预想的销售额和经费、利润反向推算出"可维持的员工数量"。

并且，大家公认的长期支撑公司发展的核心事业部门将成为圣域，很难进行高效化改革。多数高层人员出自核心事业部门，核心事业出现销售额和利润下滑的倾向，也不会正视"核心事业弱化"的现实，更别提坐视核心事业停止发展。所以公司会继续为核心事业配备全盛期同等规模的人员，导致创新项目人力资源不足。对此我时有耳闻。

在亚马逊不会出现这样的事态。无论部门的销售额和利润有多高，如果判断其创新和发展模式单一化，就将优化原有业务效率，把多余的人员转岗到富有前景的新项目中去。

我曾作为管理者目送许多优秀的成员去新的岗位。在亚马逊我曾担任娱乐事务部门部长，业务范围主要包括音乐光盘、影像光盘、电子游戏等。当时虽属于公司的高收益核心业务，但中长期可以预见该市场将趋于饱和。亚马逊将这类事业领域的优秀人才逐渐调岗至新的成长领域。

这样的人事变动不断重复，最后实在是人员不足才从外部录用，再将其培养成具备领导力原则的亚马逊人。这些新亚马逊人不久就会加入创新，开启积累经验的职业之旅。

亚马逊螺旋式培养人才的方式和日本大型企业形成鲜明对照。在原有事业中积累经验值成长起来的亚马逊人，会不断辗转至新的事业领域开展创新。职位若有空缺就招聘新人，培养新一代亚马逊人。如此形成通过公司内部人才流动提高人才质量的机制。

当然，亚马逊也有人特别喜欢在某特定部门工作一辈子，我无意否定这种工作方式，不过这确实只是少数人的选择。

"增长率"重于"绝对值"

亚马逊创业至今已过去了1/4个世纪，它成了一家有历史的企业。但是公司内部并没产生日本大型企业常见的既得利益者群体，并非只有与特定核心事业相关的人享有精英待遇，获得快速升迁。

就我所见，在评价员工对公司的贡献时，比起部门销售利润的"绝对值"，亚马逊更重视"增长率"。例如，销售额1000亿日元的业务域，若来年销售额仍为1000亿日元，则等同于未创造价值。而如果将原本销售额10亿日元的业务域发展到20亿日元的规模，增长率就是100%。哪一种会获得更高评价？站在保持高速增长的立场，亚马逊选择后者。

"维持1000亿日元销售额的人"和"将销售额从10亿日元提高到20亿日元的人"，许多读者朋友或许也认为当然后者更值得好评。然而在日本企业，通常前者掌控权力，并获得更高评价。尤其当前者所负责的业务被"圣域化"的时候。

继续说亚马逊。将销售额从10亿日元提高到20亿日元的人，需要建立一种快速增长过程的可再现机制，也就是获得管理专家吉姆·柯林斯（Jim Collins）所讲的"飞轮（flywheel）"。后面会在专栏（专栏4：亚马逊"飞轮"的能量——《基业长青》的启示）详述。

当"维持1000亿日元销售额的管理者"在其他公司被评价为"优秀人才"时，亚马逊却在期待"把销售额从10亿日元提高到20亿日元的管理者"转战其他业务域，复制高增长，为公司做出更大的贡献。负责的业务不论是千亿日元还是万亿日元，若只是维持现状，评价便不会太高。

比起维持现状，亚马逊更重视对现有业务的拓展和新业务的成长，并通过人员配置等手段明确传达这一方针。

在推动创新的过程中，包括人员配置在内的资源配置问题十分重要。管理学家彼得·德鲁克（Peter F. Drucker）曾这样说过：

事实上，当创新是正确而有利可图的时候，即创新的机遇已经存在的时候，再没有比采取资源最优化更有风险的了。从理论上说，企业家精神应该是风险最低，而非风险最高的方式。①

日本大型企业如果真想推进创新，就要大刀阔斧地改革向现有事业倾斜的资源分配模式。这要以数字化提升效率为前提。亚马逊的人才录用、教育、配置机制应该能为日本企业问题带来极大的启示。

---

① 引自机械工业出版社2018年版《创新与企业家精神》，[美]彼得·德鲁克著，蔡文燕译。——编者注

大企业陷阱6
规则优先，员工被动等待指令

对策 >> 全员领导者

企业规模变大，便会逐步建立起各种程序和规则。如果员工数量从几个人、数十人增加到数百人、数千人、数万人，而大家仍随心所欲地按自己的方式行事，那么工作效率极低。所以需要制定一套共同遵守的规则。

但是制定规则和程序也有弊端。

首先会有越来越多的人认定，规则和程序既然制定了，内容肯定是"正确的"。也就是说，会越来越少有人去思考"为什么存在这项规则""真有必要按这一程序行事吗""有没有更好的办法"。

下一阶段便是遵守和执行规则和程序本身成了工作目的，越来越多的员工对创新消极被动，认为提出新方案是有风险的。

仅靠呐喊无法终结

全员领导者——亚马逊"领导力原则"开头这样写道。这句话是期待员工在日常工作中能自主发挥亚马逊领导力原则。

越来越多的员工视规则为绝对，被动等待指令，这是大型企业容易落入的陷阱之一。而"全员领导者"理念渗透至亚马逊的每一处角落，对此起到明显的抑制作用。

当然，简单写一篇关于"全员领导者"的文章，并不能产生实效。为让"全员领导者"理念变现，亚马逊平常会举办多种现场活动，如团队领导者采用恰当的会议方式，让与会者更容易发表自己的观点；有人发挥出领导力原则时，在大家面前郑重推介等。

公司以团队或部门为单位，表彰出色发挥领导力原则各项条款的员工。

许多日本企业也实践了类似措施，只是亚马逊和它们稍有不同。公司赋予"全员领导者"等领导力原则最高优先度，不断采取措施保障其落地执行。

观摩女儿课堂，初次领会"全员领导者"之意

有不少人对"全员领导者"的观点存疑，认为这不可能真正成为现实，最终还是团队负责人才能发挥领导者作用。

我头一回看到亚马逊的领导力原则时，也不解其意。最终弄明白，还是多亏了下面这件事。

有一天，我去女儿的小学观摩版画雕刻课。我出生在昭和

时代[1]，那时候上版画雕刻课，每个人都有过被雕刻刀割手，捂着手指往卫生室跑的经历。现在的学生也这样吗？我很好奇。到了课堂，我才发现如今的学校找到了万全之策。

画板滑落很容易导致学生受伤，所以学校准备了可以固定画板的工作台。至于雕刻刀，则在前端刃部装有安全盖，即使发生意外也不易受伤。刀柄也做了防滑设计。我感觉受伤风险为零，事实上也确实没有学生受伤。

不过，课后收拾非常费事。下课后，学生要将雕刻刀、画板、工作台分别收拾到三处地方。

所有的学生都是一人拿三样东西辗转三处进行归置，然后用一把小笤帚将课桌打扫干净。

学生每4人一组，分区听课。有个男孩见此情形，向同组的另外3人建议大家分工负责"收拾雕刻刀""收拾画板""收拾工作台"和"打扫课桌"。最后证明他们组的效率最高，比其他小组更早收拾完毕。

我女儿恰好在那一组。后来她告诉我，那个男孩并不是组长，但大家都觉得他的提议不错，所以听从了他的方案。

这是一个关于"全员领导者"的很好案例。这里的"领导

---

[1] "昭和"是日本第124代天皇裕仁在位使用的年号，昭和时代时间为1926年12月25日—1989年1月7日，前后跨64年。——译者注

者"手下没有"理应服从自己的团队成员"，谁都有机会成为领导者，发挥领导力原则。

假如你是一名管理者，有自己的团队。请想象一下，成员中如果有很多像那个男孩子一样的人，或一个都没有，团队的生产能力和业绩会有多大的差距呢？

专栏 2

向实例学习，何为"传教士"

埃隆·马斯克、松下幸之助、井深大及平成时代^①
诞生的风险企业

第1章我们讲到，亚马逊之所以建立起"持续创新"的机制，是因为创始人贝佐斯提出了宏大的使命和愿景，一代人不足以实现。这就需要用机制来保证有组织的持续创新，让亚马逊在贝佐斯离开后继续朝着目标前行。当然，抱有宏大使命的企业家不只贝佐斯一人。

■ 贝佐斯和马斯克剑指太空的理由

和贝佐斯同时代的还有埃隆·马斯克（Elon Musk），他创立的特斯拉（Tesla）以"加快世界向可持续能源社会转变的速度"为使命，不认同公司在本质上是一家制造和销售电动汽车的"乘用车制造商"，而是以"通过削减二氧化碳排放量解决环境问题的组织"作为自我定位。生产电动汽车只不过是解决问题的手段之一，此外特斯拉还开展太阳能发电和家用蓄电系统业务。无论是抢占新能源汽车最大市场份额，还是夺取传统汽车市场份额，都不是特斯拉的最终目的。和亚马逊一样，特斯拉也有着马斯克这一代人无法完成的使命。

2002年，马斯克创办了美国太空探索技术公司（SpaceX）。2020年，公司与美国国家航空航天局（National Aeronautics and Space Administration，简称NASA）合作，成功进行载人航天。而贝佐斯也在2000年创办了一家太空业务公司"蓝色起源（Blue Origin）"。马斯克和贝佐斯都极具前瞻性地预判了地球的自然环境终将不再对人类友好。即使这场危机还很遥远，但未雨绸缪，他们把为将来人类的星球移居创造条件当作责任，所以创办了以此为使命的太空业务公司。

1982年，还是一名高中生的贝佐斯在回答当地报纸采访时说："地球是有限的。如果世界经济和人口今后持续增长，那就只能去太空了。"

37年后的2019年，贝佐斯在一次面向媒体的活动中说，"为了拯救地球，我们必须奔向太空。""我们这一代能做的就是开辟通往太空之路。""世界能源需求正在以每年3%的速度增加，或许这不是一个庞大的数字。但是，如此下去500年，地球表面必须铺满太阳能板才能满足人类的能源需求，这肯定无法做到。"

两位代表当代的企业家，不约而同地以数百年后的人类命运为使命，发射飞船，致力于宇宙开发，绝非偶然。对这样的人来说，满足人们眼前的关切和需求远不是最重要的。他们的目光穿越时间，瞄向人类的未来，并找到自己的使命。对于站在这一意义上的贝佐斯和马斯克来说，宇宙开发和电子商务、电动汽车的开发，在性质上并无大不同。

贝佐斯和马斯克同为全球屈指可数的知名富豪。美国经济杂志《福布斯》（Forbes）2021年4月发布的世界富豪排行榜，贝佐斯排在第一，马斯克排在第二。但排行并不意味追求的实现。他们所致力的课题和使命太过宏大，其中蕴含的需求也太过巨大，所以当成功来临时，回报将难以想象。

如果抛开使命，仅以商业成功论，把富豪榜当作目的，他们将无法做到"牺牲短期利益，以远大视角实现顾客所需"和"不惧对现有高收益事业自我蚕食"。最终恐怕难逃被后发企业取代的结局，或止步于众多网上书店和新能源汽车公司中的一个。

■ 战后的索尼、松下及平成时代诞生的风险企业

我们不应忘记，战后成长起来的日本企业，也不乏提出宏大使命的大格局创业者。

比如松下电器产业（现Panasonic）创始人松下幸之助的"自来水哲学"。1932年，松下电器具制作所（当时）在大阪堂岛中央电气俱乐部举行第一次创业纪念式，松下幸之助致辞时说："产业人的使命就是把贵重的生活物资像自来水一样源

源不断地为顾客释放出来。"

"自来水哲学"一说就源自那次演讲。可以把这看作是一项关于使命的声明。意在以自来水一样低廉的价格向普通民众提供优质的生活物资，促进人民生活富裕丰足。

索尼创始人之一井深大在1946年起草的东京通信工业（当时）的《设立趣意书》，也可以看作是高屋建瓴的使命声明。

创办公司的目的

- 建设自由豁达的理想工厂，使每一位挚诚勤勉的技术人员在愉快的氛围中最大限度地发挥自己的技能。
- 通过技术活动和生产活动，促进日本重建和文化提升。
- 军用先进技术快速民用化。
- 将各大学、研究所对国民生活最具价值的研究成果快速产品化、商品化。
- 无线通信设备民用化及家庭生活电器化。
- 积极参与修复战时受损的通信网络，并提供必要技术。
- 制作、普及适合新时代的优质无线电接收机，彻底实现无线电服务。

一 国民科学知识的实际启蒙活动。

以我个人理解，这是旨在创建具备创新环境的 "理想工厂"，使日本的技术人员充分发挥技能，以此为战败后的日本国民提供生活必需品，为日本重建和文化提升做出贡献。

这里的每一条使命在格局和社会意义上都不逊于贝佐斯和马斯克所追求的。战后日本重建人们衣食住行的物质基础，是一项巨大的挑战，足以和当代的进入太空相提并论。太平洋战争前后，索尼和松下这两家公司，在日本诞生并成长为世界性企业，尽管有时运因素，正确的商业行动出现在了正确的时机。但我认为这并非偶然，这最终还是抱有宏大使命的创业者聚集起受使命感召的同道们，为达成目标进行了无数次创新的结果。

在当今日本，也有越来越多的创业者拿出改天换地的决心，设立宏大的使命和愿景，并朝着目标坚定迈进。为其提供资金支持的风投资本也以独到的眼光，识别出谁是真正的创业家。

都说日本是创业后进国，可我看到崭新的创业文化正在孕育，并期待在不久的将来，日本新出现一批能为社会提供全新价值，驰骋于世界的企业。

下面举几个我较为关注的案例以供参考。所举公司均成立于平成年代（1989—2019年），且都成功上市。其使命或愿景引自各企业官网。（关于株式会社BizReach，其控股公司Visional 株式会社已上市）。

株式会社BizReach

创建人人相信"自身潜力"的社会

Freee株式会社

让小企业成为世界的主角

株式会社Mercari

建设提供新价值的世界性集市

"让有限资源循环，创造更富足的社会"

Raksul株式会社

改变机制，世界更加美好

我们坚信可以将现有的以大企业为中心的产业结构，转换成以共享平台为中心的产业结构。利用平台直连买卖方企业，实现更低的交易成本和更高的效率。

这些企业不愧是备受瞩目的风险企业，使命、愿景亦十分精彩。从中我感受到战后成长起来的风险企业的价值取向有了巨大变迁。

"二战"后，日本面临国家重建和丰富人民生活物资两大课题。这两大课题难度巨大，所以当时各风险企业的使命，本质上都是为国民生存提供物美价廉的产品和服务。

而如今备受瞩目的平成时代成立的一干风险企业，站在先人夯实的社会、生活基础之上，使命和愿景开始瞄向下一个阶段。

以上列举的4家公司，本质上的共同点是尊重个人和资源。"二战"后，世界各大企业大量生产、大量供给，在产品和服务极大丰富的同时，也不可否认，过度生产造成浪费，个人价值很难得到尊重。在此情况下，平成时代成立的风险企业设立的使命和愿景，目标指向一个全新的社会——个人和小微企业愈加活跃，没有资源浪费。

除了这4家公司，还有许多成长性企业设立的使命和愿景，都在以解决社会问题、改变社会价值观为目标。为实现目标，创业者和受使命、愿景感召聚集起来的所有人，必须连续发起许多次大规模创新。正如本书所讲，亚马逊提供的机制使之成为可能。

第**3**章

"S团队" 管理干部承担的职责

前面我们从两个侧面分析了亚马逊的"创新机制"。

第1章通过新闻稿和常见问题这一独特的企划书撰写方式介绍了将"普通员工"改造为"创业者集团"的机制。

第2章介绍了大型企业难以创新的原因以及亚马逊的应对机制。

对日本企业来说,第1章介绍的机制导入门槛较低。新闻稿和常见问题是一种企划书格式,稍加培训即可应用。导入后,原本普普通通的员工们,通过提案讨论过程,找到"开发新产品、新服务的时间轴"与"市场形成的时间轴"之间的交互点。同时,确认"企划中的产品、服务,顾客是否真心想要"。这其中的好处,在导入实施后就会逐渐呈现。

第2章介绍的大型企业容易落入的"陷阱",实际上在中小企业也时有出现。可以预见的是,如果导入亚马逊的应对机制,可能在每个企业都会遭遇抵抗。原因在于企业存在圣域化的现有事业板块、守成的企业文化、公司内政治等。

那么,成功导入这些机制后,日本企业都能像亚马逊一样进行破坏性创新吗?

集团创业者的能力肯定会有所提升。通过不依赖个人能力，团队化努力创建新事业，就能够提高整个公司成功创新的概率。

但是，我对刚才问题的回答是，与亚马逊相比，日本企业水平还难以比肩。

还缺一块拼图。

"普通公司"相较"风险企业"的规模优势

无论是大型企业还是有一定规模和历史的"普通公司"，如果应用前面介绍的机制，就能获得与新锐风险企业同等水平的发展速度和独特创意。

除此之外，有一定规模和历史的"普通公司"相较年轻的风险企业，拥有品牌、现有技术、客户基础、人力、物力、财力等优势。让项目团队成为公司内的有组织创业者，是发挥优势的最后一块拼图。

拼上最后一块拼图，就算在公司内构建完成了"亚马逊创新机制"，就能够以远超初创风险企业的优越条件开展创新活动（图3-1）。

第1章介绍的将"普通员工"改造成"创业者集团"的机制，营造出"风险创业者环境"。第2章介绍了预防"大企业陷阱"的机制。本章主题则是"亚马逊创新方程式"的最后一块

图3-1 亚马逊创新方程式

拼图。

亚马逊如今已是世界顶级大型企业，其体量和既成优势，已非有着一定规模和历史的"普通公司"可以相比，更不要说还在初创阶段的小型风险公司。亚马逊是如何将"大企业规模"转化成创新利器的呢？学习其机制，相信很多日本企业也可以营造出"绝佳创新环境"。

管理干部盘活大企业规模，为机制注入灵魂

亚马逊有多套机制用于盘活企业规模，使之成为创新的动力源而非相反。而驱动这些机制，是亚马逊管理干部们的重要职责。

管理干部的核心层，是由负责各事业板块的高级副总裁们组成的"S团队"，他们负责为员工的创新提供支持。

"S团队"成员，多是在年轻时就被贝佐斯发掘培养出来的左膀右臂。激活、推动和改进之前所讲的种种机制，是他们每天的工作。可以说，没有"S团队"就没有亚马逊的创新。

　　"S团队"为企业创新拼上的最后一块拼图，有3部分内容，可详解为13个机制和做法。具体内容如下：

---

1 > 为公司内创业者盘活大企业规模的机制和做法

（1）负责破坏性创新的"S团队"及"S团队目标"

（2）管理干部是开创新事业的"经验源"

（3）乐于吸收新技术与新能力

（4）兼顾"数据"与"判断"

（5）"乘法"收购

2 > 打造创新环境的机制和做法

（1）激发创造性的办公室环境

（2）推进多样性的"亲和团体"

（3）"领导力原则"*

3 > 为机制注入灵魂的机制和做法

（1）亲自实践，率先垂范

（2）制度性通过

（3）"传教士"克服本能的决策

（4）持续改进机制

（5）在公司内部一直强调创新的重要性

本章将对以上内容进行详细说明，第2大类第（3）小项 "领导力原则"（*）已在第1章详述，本章不再赘言。

1
为公司内创业者盘活大企业规模的机制和做法

1-1 负责破坏性创新的"S团队"及"S团队目标"

提案通过新闻稿和常见问题程序立项后，将获得"用人权"和配套预算。

这些项目中既有一举淘汰现有业务的"破坏性创新"，也有改善现有业务的"延续性创新"。

"破坏性创新的种子"由"S团队"助力培养

无论哪种创新，项目一旦被认定会给市场和公司带来巨大冲击，"S团队"就会持续跟进。届时会设定名为"S团队目标"的季度指标，由"S团队"提供支持，促其实现。

"破坏性创新"自不必说，能为顾客和公司做出重大贡献的"延续性创新"也会成为"S团队目标"眷顾的对象。

亚马逊并未公布"S团队"成员名单。据美国科技网站GeekWire报道，至2020年夏季，"S团队"共有26人，除贝佐斯和负责全球消费者业务的杰夫·威尔克（已退休）外，还有亚马逊云科技、电子设备、人才开发、广告、财务、总务、人事等各部门的负责人。

"S团队"成员每季度齐聚一次，从公司战略角度出发，对各项议案进行讨论。其中最重要的内容之一，就是为重大创新项目设定"S团队目标"。

"S团队"是决定亚马逊总体走向的决策集团，能进入他们审议范围的项目，其重要性不言而喻。项目进入评议，不仅能得到核心管理者的意见反馈，还有可能申请到资源支持。

亚马逊通过这种形式，在必要时机盘活大企业规模，投入单个风险企业不可企及的人才、技术、资金等资源，推进项目进展。当"S团队"会议形成决议后，就不再允许任何争议，消解了大型企业常见的公司内政治。

这里发挥了领导力原则之一的"有担当，质疑并执行"。

"S团队目标"改变全公司注意力

即便是亚马逊普通员工，也深知"S团队目标"是公司的最优先项，只要与其相关的需求，每个人都会不遗余力地提供协助。

我曾参与过被纳入"S团队目标"的项目，那是一项"延续性创新"，详细内容不便明说。

大致就是通过软件让机器设备实现自学习功能，彻底摆脱多工序、低精度工作的人工操作环节。虽然该项目在之前已经实现了系统集成，但因为操作难度较高，仍有需要手工完成的部分。因此依然要依赖操作者的技能水平。

提出全自动化目标后，许多长期从事该业务的人表示怀疑，"坦率地讲，这不大可能吧？""还没有公司能做到。"

但是，大家也都承认，如果能实现完全自动化，业务速度和精度将大为提升，这对顾客和员工都大有裨益。为实现这些好处，"S团队"通过立项，设定"S团队目标"，投入大量人力资源和资金预算。

"S团队目标"一旦设定，所有项目相关人员的态度立刻趋同，哪怕此前持怀疑态度说"不大可能"的人，也会开始积极思考"如何改进"。项目组成员自不必说，当组外所有相关者也都统一了认识时，新系统的开发和导入速度远远超乎我的想象。因为所有人都清楚，"S团队目标"项目，意味着来自核心层的强大推力。

正是通过那次，我见识到了"S团队目标"的威力。经营管理者们只要认定项目有价值，便会集中公司资源推动项目实现。如果项目是新事业，就正应了"为公司内创业者盘活大企业规模"这一目的。"S团队目标"正是为此而设的机制之一。

顺便说一下，通过新闻稿和常见问题的立项，有些项目规模虽然不够进入"S团队目标"，但对事业发展却很重要。对于这类项目也有相应机制，即设定季度目标，由与项目规模相匹配的管理层持续提供支持。同"S团队目标"项目一样，这类项目有季度评审程序。

1-2 管理干部是开创新事业的"经验源"

通过新闻稿和常见问题获得立项后，首先选定项目领导者，随后组建项目团队。领导者不一定是撰写新闻稿和常见问题的提案人，而是以公司内外最优选拔的方式敲定。

特别是被认定有重大冲击力的项目，以"S团队"为首的管理干部会每季度审查团队目标进展情况，并据此决定是批准追加投资还是终止项目。届时，管理干部和团队成员进行深入交流，不仅指出问题，还提供参考性解决方案。

预防"新事业负责人孤立无援"

经常听到在日本企业工作的人员抱怨，成立新事业项目团队，选拔负责人并核准投资额后，所有一切都交给了负责人。其他管理干部毫不过问，新事业负责人孤立无援。

在亚马逊不会有这样的事情发生。主人翁意识决定了以"S团队"为首的管理干部们对待新事业的态度。他们积极参与其中，除定期评议外，还时常自问"自己能为他们的事业成功再做点什么"。

持续支持新事业项目团队是管理干部的重要职责，这在亚马逊已成共识。"S团队"成员要大致了解所有"S团队目标"项目，即使项目不在自己负责的业务板块中。他们也积极采取行动支持项目推进，有好的建议更是倾囊相授。

有一次我参与一个非"S团队目标"项目时，也有一位"S团队"成员对我说："有什么需要随时提出，美国方面会尽力提供帮助。"这位干部和我分属不同的业务板块，还能主动关心项目，让我大为感动，我更加深切体会到亚马逊不断成功创新的深层逻辑。

在亚马逊，经常会有大大小小多个新事业项目同时推进。我一直认为以"S团队"为核心的管理干部们日理万机，很难面面俱到地关注所有。而他们却在实践中做到了。原因是他们都有过把微小项目培育成千亿、万亿级大事业的辉煌经历。正是基于奋力拼搏出来的丰富经验，他们才能恰如其分地对挑战新事业的后来者们提出合理建议，给予足够支持。也因为深知每一次小小的进步都来之不易，他们才懂得把成长率作为评价标准，不吝赞赏。管理干部关注项目团队每一次进步并进行评议，避免了多数企业出现的"新事业负责人孤立无援"的现象。

而在众多管理干部中，最熟悉新事业创建流程的当数创始人杰夫·贝佐斯。

1-3　乐于吸收新技术与新能力

评价新闻稿和常见问题时，要点是"顾客是否强烈期待该创意实现"，本书已反复提及"顾客至上"，想必大家已不陌生。

但是，如此执着于"顾客至上"，一定会有一些创意脱离企业"核心竞争力（Core competence）"，即公司有形的资产和无形的技术优势。有些创意何止是脱离公司现实，简直是涉足无人的孤岛。

当这种貌似不着调的新创意出现时，大多企业会以各种理由将其排除，如"可实现性低""风险难以预测""投资规模过大"等。

奖励进军"飞地"的创意

但是，如果满足"这是顾客想要的"和"普遍需求"这两个条件，即使公司尚不具备将其实现的技术和资源，亚马逊也会为此做出积极反应。

对于挑战陌生领域，也称为开拓"飞地"的创意，亚马逊一向兴趣盎然。

它乐于突入"飞地"，吸收新的技术、人才和操盘资源，从未拘泥于主流事业。持续不懈地吸收新的技术与能力，进行破坏性创新，就是一部亚马逊发展史。

云计算业务"亚马逊云科技"和电子书阅读器的诞生，是这部发展史中的标志性事件。

云服务是开展电子商务所必需的基础设施。所以在亚马逊云科技之前，亚马逊只是云服务的用户。亚马逊通过突破主要业务领域，开拓这块"飞地"，完成由云服务用户到提供商的身份转变。亚马逊之所以果敢投入巨大资源进入新业务领域，通常是基于三个确信——确信"顾客有强烈需求"、确信"没有谁能做得比我们更好"、确信"这是一个长生命周期的市场"。最终，亚马逊云科技成为亚马逊的商业航母。

"吸收惠及顾客的技术"加速成长

在电子书领域也一样。亚马逊一直通过电子商务网页销售"纸质书"。对于读者来说，无论手捧纸质书还是电子书，共同的体验都是"阅读"。所以，把为顾客提供更好体验作为一贯追求的亚马逊，提出了一个富有远见的目标——"让读者在60秒内找到此前印刷的所有书籍"，由此亚马逊正式进军电子书市场。在亚马逊看来，要实现这一目标，阅读器的硬件开发是一道绕不过去的门槛。

但是，对于书籍出版方和销售方来说，纸质书和电子书，两项业务的工作内容相去甚远。电子书阅读器的发售是在2007年11月，而当时亚马逊的网售纸质书业务正如日中天。所以，考虑到和现有事业会形成自身蚕食，就算保持谨慎也说得过去。

但是，亚马逊却毫不犹豫地进入又一块"飞地"，吸收制造电子设备的技术，制造电子书阅读器。在这之前，亚马逊从未从事过硬件设备的设计与开发，公司内部也没有这类人才，所以亚马逊发起了一轮大规模的招聘。正是由此开始的技术和人才储备，催生了后来的搭载了"亚历克萨"的智能音箱"回声""亚马逊平板电脑（Fire Tablet）"、网络流媒体播放设备"亚马逊火棒"等。

其中"亚马逊平板电脑"在2020年第三季度的出货量超540万台，在全球平板电脑市场占有率排名第三，仅次于苹果和三星[①]。亚马逊并未公布"电子书阅读器"和"回声"的销售量，个人认为这两款产品应达到了平板电脑的同等销售量或以上。

这些电子产品确实带来了更好的用户体验。电子书和流媒体平台"亚马逊金牌会员视频"，在"电子书阅读器"和"亚马逊平板电脑"的加持下，阅读和观看感受得到了极大提升。还有通过"回声"搭载的"亚历克萨"智能语音助手，可以更加便利地享受"亚马逊音乐"。这些都让顾客满意度和忠诚度得到了进一步提高。

以上成功的起点，还是那个简单的问题——"顾客是否强烈期待该创意实现"。从这一问题出发，找到不足，在"飞地"吸收新的能量。如此循环，事业领域不断扩展。如果当初亚马逊只着眼于现有技术和能力，并以此为出发点构想新事业，就不会有吸收新技术和新能力的勇气，那么到现在应该还只是一家纯粹的电子商务公司。

注入"进军飞地的勇气"

有这样的历史经验，亚马逊赋予评审新闻稿和常见问题的干部们一项重要的职责——为新项目领导者打气，并为其注入

[①] 据国际数据公司（International Data Corporation）统计，平板电脑2020年第三季度出货量第一位是苹果，第二位是三星，第三位是亚马逊。

"进军飞地的勇气"。尤其是"S团队"，他们的评审内容多与破坏性创新相关，因此更要有这种姿态。

有不少日本企业的资源充足，即使决心进军"飞地"也不算鲁莽。但如果只安于在现有技术、能力和资产构成的舒适圈内挑战创新，自然就不会吸收到新的人才和技术。

短期也许没什么问题。但是，如果有可以满足顾客强烈需求的新事业创意出现，面对巨大的普适性潜在市场，就当积极挑战，哪怕需要跳出舒适圈去吸收新的技术、能力和资产。

唯有通过这种挑战，积累更多资源，扩大能力范围，才能让企业获得可持续的长远发展。

1-4 兼顾"数据"与"判断"

本书焦点虽在亚马逊创新，但亚马逊并非只有创新。

在既有事业领域，亚马逊也有其卓越的一面，即运用"戴明循环（PDCA）[①]"这一经典管理工具，保障高水平发展成果。

[①] 戴明循环又叫PDCA循环。它是现在各企业普遍采取的质量管理基本方法，是全面质量管理的方法依据和科学程序。最初戴明循环由美国质量管理专家沃特·A.休哈特（Walter A. Shewhart）提出，由戴明采纳并宣传后被广泛普及，因此又被称为戴明循环或戴明环。PDCA中的P即Plan（计划）、D即Do（执行）、C即Check（检查）、A即Act（处理）。制订计划、执行计划、检查效果、根据效果进行总结与改进，循环反复，不断推动企业进步。——译者注

执行力和创新力往往不能同步

包括亚马逊在内，所有公司都面临创新力与执行力的取舍及平衡问题。

我曾任职的公司中，通用电气公司是一个善执行的典型。工作推进中，它的精细化组织能力出类拔萃。通用电气公司导入了六西格玛质量管理体系（Six Sigma Management）[①]，多数员工有初级"绿带"资格，所有部门都在业务流程图中运转，并不断改进。工作期间我切身体会到他们基于统计分析的强大执行力。

初入通用电气公司时，我以为公司安排了很多专家级的人员专门负责质量管理。而实际上，包括销售、总务、财务等各部门员工都具备不逊于专家的质量管理能力。我认为这就是通

[①] 六西格玛是现代企业普遍采用的一种管理策略，英文叫Six Sigma 或 6 Sigma，符号表达为 6σ。σ 是统计学中表示平均值的标准偏差的单位。六西格玛最初由摩托罗拉的工程师比尔·史密斯（Bill Smith）于1986年提出，它主要强调系统减少生产过程中的缺陷，提升品质。20世纪90年代中期被美国通用电气转变成一种设计、改善和优化企业流程的技术和管理哲学，并被应用于新产品开发。六西格玛管理体系的实施，需要人力组织结构保证。六西格玛以倡导者、黑带大师、黑带、绿带体系建立人力资源构架。——译者注

用电气之所以强大的理由。

但是，另一方面，通用电气给我留下了落实创新的能力存在问题的印象。通用电气积极创新，却没有实现什么划时代的大事业。我认为这与它主张通过数据分析评判新事业，且以此决定进退有很大关系。通用电气数据分析的结果，能得到普遍认可。但全新的创意在基于数据的评审过程中，有许多创新要素就被抹杀了。

而与此相反，我工作时的索尼，具备让新创意落地的卓越能力，却在既有事业领域的执行力方面弱于通用电气。

以"万分之一"的精度运行戴明循环

后来我进入了亚马逊。创新力和执行力在这里惊人地呈现出同步共强的现象。当然，这背后依然是机制的力量。

贝佐斯曾说过，自己向同事学习了执行力，而这原本是自己的弱项（本章稍后会介绍这件趣事）。他学习的对象大概就是亚马逊全球消费者业务负责人杰夫·威尔克（2021年3月已退休）。

前面已经详述了亚马逊的创新机制，这里简单介绍一下亚马逊落实执行力的机制。首先为对事业成功产生影响的各要素，如网售价格、备货、即时配送等设定数字化目标，再以"基点（Basis Point）"为单位（一个百分点的百分之一=万分之一）对执行情况进行高精度统计，与计划进行对比分析。如果二者之间差异明显，将彻查原因，着手修复和改善。

总之，就是"以万分之一的精度运行戴明循环"。应用"戴明循环"这一管理工具的公司不在少数，但从目标计划的设计精度和项目管理的细致度上看，亚马逊当属顶尖的存在。

即便在有着强大执行力的通用电气公司，管理层的目标制定也未如此精细（或许在财务和机械制造研发部门会出现万分之一精度的目标）。换言之，亚马逊管理层在制定经营管理目标时，对标了一线业务现场实际存在的精度。

原因有两点。一是亚马逊没有中间部门为管理干部整理原始数据，所以管理干部拿到的是一手原始数据。二是希望各级管理层从掌握细节去做出判断。洞察每个细小数据变化背后的异常和趋势，这被看作事业负责人的一项重要能力。

亚马逊作为超大型企业，即使业务状态与计划出现1%的偏差，其体现在库存管理、配送质量等任何领域都将是一个庞大的数值。为实现以发挥规模优势提升顾客体验的使命，运营数据的万分之一精度不可或缺。

"顾客的真正需求"无法用数据推断

同时，亚马逊也会基于判断做决策，并非每一项决策都来自数据分析。特别是与创新相关的决策，它几乎不会只靠数据分析。创新事业的着眼点不在短期收益，而在长期回报，所有的分析讨论都会围绕这一预期。

即使创新事业的立项得不到数据的支持，也会以"顾客真正需要"为先决条件，拍板落地执行。人们往往重视短期小亏损，忽视长期大收益，以不确定性为由，回避做出追求长期回报的决策。

所以，即使面对较高概率的长线回报预期，也很难勾填这一选项。特别对一些没有冒险成功经验的组织来说，更是难上加难。每个公司都有可能面临长期大收益的机遇，如果想不错过，就必须让决策含有对失败的容忍度。

正因为数据不能帮助决断，所以极少有企业参与这类业务，这就意味着竞争对手寥寥。此时企业如果正确判断出"顾客真正需求"，往往就能实现巨大创新。当初开发亚马逊云科技事业时，就因为缺少竞争者，亚马逊得以迅速确立了市场地位。

积累"数据不能提供判断，却终获成功的案例"

亚马逊也像通用电气一样，擅长利用数据做决策，但同时深知数据并非万能。实际上亚马逊"领导力原则"中的"勤俭节约"和"刨根问底"与执行力息息相关，而"目光远大，志存高远"则和创新力联系紧密。

亚马逊要求管理干部要兼顾基于数据的决策和基于假设、判断的决策。学会在不同场景选择不同方式，并传达给年轻的亚马逊人，这是管理干部的重要职责。

当然，促其在公司扎根并非易事。即使以条款形式固化，长年累月也有可能风化。为防止其风化，包括"S团队"在内的管理干部必须亲身实践来自假设、判断的决策，并不断在公司内展示成功案例。

1-5 "乘法"收购

前面说的是发生在亚马逊"内部"的催生创新的机制。

但是，由于亚马逊举足轻重的全球商业地位，它所涉及的领域都会得到广泛关注，电子商务、电子书、云计算、人工智能助手，等等，竞争者随之而来。即使亚马逊有独到的创新机制，也无法保证独享自己的创新成果。

所以它同样也需要从"外部"引入创新。

关于对风险企业的投资，亚马逊很少对外宣传，所以相关报道不多，人们对此的关注度也相对较低。而实际上，它长期以来一直热衷于投资、收购风险企业。

亚马逊1997年在纳斯达克成功上市，第二年就开始利用发行股票获得的融资展开大举收购。1998年收购英国的"书页网站（Bookpages）"和德国的"在线书店（Telebook）"两家线上书店。1999年将互联网流量统计机构"亚历克萨互联网（Alexa internet）"收入旗下。较近的2017年收购美国全食超市公司（Whole Foods Market, Inc.），2021年收购芬兰的3D建模公司"本影（Umbra）"，还一度引发热议。仅通过网络信息粗略计算，亚马逊累计收购企业总数已逾百家。

这些收购行为的动机，有些是针对特定服务，有些是针对被收购方的技术和人才。例如，收购有声书平台"有声书"和游戏直播服务平台"老鼠台"，就是直接获得该项服务的意图比较强烈，而收购机器人风险企业基瓦系统（Kiva Systems），则是因为亚马逊对该公司技术开发能力评价极高，希望通过收购增强"内部"创新能力。

企业收购的本质是"掠夺"吗？

在日本，很多人对收购持有负面印象，认为收购方是用资本的力量"掠夺"技术和人才。

但是，果真如此吗？

进入亚马逊前，我在思科系统公司工作，这是一家坚持并购战略成长起来的企业。我想以自身的感受告诉大家，这些企业的收购行为并不以"掠夺"为要义。

亚马逊和思科系统都以"为顾客提供的价值最大化"为出发点开展商业活动，包括对外收购。在追求为顾客提供最佳体验的路上，有时难免受制于自身已有的资源条件。通过收购持有相应资源的公司，从外部导入创新，来迅速获得顾客期待的更好技术和服务。这是收购的初衷，大家可以将其理解为开放式创新的一环。

对顾客来说，就便利性和舒适度而言，选择众多公司的不同服务来满足自己的需求，远不如一个来自同一提供者的服务包。最终选择权在顾客，而顾客并不关心产品和服务提供企业的资本或股权构成。

对亚马逊和思科系统来说，收购正是基于"顾客至上"的战略选择。

关注不知名风险企业的潜在破坏力

即使抛开收购不谈，企业也需要时刻关注所处领域是否有破坏性创新的新势力出现。

如果是大型企业在挑战破坏性创新，较易被察觉。若是不知名创业者或风险企业主导的破坏性创新正在悄悄发生，并迅速攻城略地取得市场支持，则容易第一时间被忽略。待回过神来，新兴势力已牢固确立市场地位，即使主流企业在同领域加紧研发、发起追赶，也难以回天。

为防止因发生此类情况而陷入被动，企业要时刻关注后起创业者和风险企业的信息和动向。如果确认某优质风险企业的产品、服务满足顾客重大需求，就应当考虑将其技术和人才资源收入旗下。

思科系统的获取与开发战略

思科系统是一家从事网络设备制造与销售的公司。1984年在美国加利福尼亚州洛杉矶成立，于20世纪90年代飞速发展。我1999年加入思科系统时，其发展势头一度被形容为像洛杉矶名胜"金门桥的缆索一样直线攀升"。2000年3月思科系统总市值突破5000亿美元，跃居世界第一。

当时，我就职于美国总部圣何塞的事业开发部门，从事对风险企业投资以及与大型企业的战略合作工作。

在此期间，我明白了20世纪90年代思科系统的飞速发展，缘于一项机制——"获取与开发"机制，即通过并购活动，让收购资源与自身开发相组合，在网络设备领域形成完整的产业链条，打造无缝隙产品系列。思科系统以生产路由器起家，而路由器只是构成网络基础设施的众多设备之一。

思科系统的出发点也是"顾客满意"

思科系统从一开始,就不满足于只做路由器单一产品提供商,而是把互联网基础设施所需的所有设备和服务,全都作为自己必将开拓的疆域。目的就是"方便顾客"。这层意思和亚马逊一样,时至今日这一姿态应该依旧未变。

我在思科系统工作时,公司首席执行官是约翰·钱伯斯(John Chambers)。他常说一句话"技术没有信仰"。意思是"选择技术的是顾客,别执着于自己的技术"。假设公司正在开发一项技术,而别的公司已经有了类似技术,功能更先进,并且已经获得顾客认可。思科系统的观点是,这时要舍弃自己的技术,并购那家有着更先进技术的公司。这样才对顾客更有利,这是以顾客为起点的思路。

当年的思科系统,能在互联网流量剧增的风口上迅速扩展事业,很大原因在于坚持"重视为顾客提供更大价值"的基本态度。这一态度催生出集合内外部资源进行创新的机制,并在维持庞大规模和创新速率的前提下延续机制的运行。该机制全貌稍后会做详述,虽然和亚马逊大不相同,但以顾客为起点这一基本面上,两者是相通的。

追求顾客满意，避开"择优与聚力"

回到前面的话题，思科系统的目标是"提供互联网基础设施所需的全部设备和服务"，为此需要大规模网罗技术。彼时正值互联网技术的爆发期，发展一日千里，无数大小企业正铆足劲全速研发，力图在竞争中占据优势地位。

因此互联网行业出现了一个新名词"狗年"，如"硅谷的企业过的是狗年"。狗的寿命是人类的1/7，相当于以人的7倍速度过一生。所以这句话意思是，硅谷的IT从业者们，宛若在用狗一般的生命进度浓缩人类的时间。

进入思科系统后，每每看前辈们以普通人的7倍速度工作，我就会产生一种窒息感，直至自己也习惯并开始了这种工作速度。

在一个以传统商业7倍速度发展的行业，必须拓宽获得技术资源的渠道，才能实现既定目标——这就是思科系统当时所处的场景。

反过来讲，思科系统没有选择集中力量发展公司优势领域的"择优与聚力"战略，而是选择了"平台战略"，它将互联网基础设施相关的所有设备和服务，都集成到自己的商业平台，一举解决"顾客的需求课题"。

把市场矩阵化，绘制业务版图

将平台战略具象化就是获取与开发战略——向内全力创新与对外收购补齐短板。

具体分为以下三个步骤：

第1步，绘制市场版图。纵向产品，横向市场，绘上设备和服务。产品轴上有交换机、路由器、网络管理软件、安全软件等，市场轴则包括通信运营商、大型企业、中小企业、一般家庭等多个方面。两轴相叠形成矩阵，公司业务应覆盖的领域全貌便一目了然。

第2步，思考如何填补公司业务的空白地带。这一步骤有4个选项。

（1）公司内部开发

（2）对风险企业进行少数股权投资（不进行控股的投资）

（3）收购风险企业

（4）同大企业进行战略合作、收购特定部门

最优先选项是（1），公司内部开发。当发现内部开发速度不能满足需要，或产品性能欠佳时，选择（2）（3）项，从外部风险企业购入先进技术填补公司产品的空白。选项（4）曾经

也是努力方向，但记忆中并无成功案例。

投资决策最重视"与标的经营者的契合度"

得到备选的合作、投资、收购对象信息的方法有很多种。可以是销售部门向生意伙伴咨询，也可以通过调查获取。

当发现持有独门技术的新兴风险企业，思科系统通常先从不高于20%的股权投资开始，逐步建立互信关系，持续关注该公司是否将产生破坏性创新。

不过，直接选择（3）收购风险企业的案例，我也见过不少。整个过程进展神速，令人惊讶。收购完成后，两周内结束业务整合，统一公司账号和内部网络。几个月内，实现被收购公司的产品以思科系统品牌向全球销售。

控股收购对风险企业也有好处。孤身奋战需花费数年时间筹措资金、拓宽销路，并入思科系统后仅数月便能实现销售额的极大攀升。思科系统有强大的全球销售网络，纳入公司设备链接系统"Cisco IOS（思科互联网操作系统）"后，产品附加价值也随之提升。"IOS"一词是"Internetwork Operating System（互联网操作系统）"的简称，该软件系统实现了网络设备紧密的网际互联。

此外，收购产生的溢价，包含着对收购目标未来增长的预期。

也就是说，收购方思科系统和被收购方风险企业的共赢局面，不是什么虚无神话，而是可以兑现的真实剧本。

思科系统选择投资或收购对象时，自然要考量其技术优劣，但最重视的是风险企业经营者同思科系统的契合度，即是否认同思科系统的使命和愿景，并愿意共同努力实现。

这样，企业被收购后，多数创业者会选择留在思科系统，担任某事业部门负责人。我有幸见过其中几个，都颇具领袖气质和人格魅力，他们不愧曾开创过一片天地，完全有能力把自己的产品做大。

我认为这类人出售公司并留下来继续工作，是因为思科系统的愿景——改变人们工作、生活、娱乐、学习的方式。这正与这些志向不凡的想用互联网改变世界的创业者们一拍即合。他们留下来，对思科系统来讲，是比收购到的技术更宝贵的资产。

思科系统没有对大企业病免疫

在IT泡沫破灭后不久，我离开思科系统进入通用电气日本公司工作。从此后的新闻报道看，钱伯斯似乎认为需要将战略重点从提供路由器和交换机等硬件设备转向提供服务。他为此专门成立了高级副总裁和副总裁（VP）等高层干部跨事业域的

"理事会（council and board）"组织，目标是再次通过创新开拓市场。

很遗憾，该组织似乎未取得大的成功。一是成员都在管理着各自的既有业务域，二是"理事会"本身是一个跨业务域组织，这导致理事们很难为新项目产生主人翁意识和紧迫感。

像思科系统这样辉煌的公司，在企业规模扩大后都难以避开大企业陷阱。贝佐斯深知这一点，所以才警示员工"亚马逊终将破产""我们必须总在创业的第1天"。

以顾客为出发点的乘法并购

回归正题。与美国企业相比，以创新为目的的并购是日本企业的弱项。日本企业很多方面要向美国企业学习，其中最重要的是学习以顾客为中心的思维方式。即，当感觉自己公司在满足顾客某项需求时资源不足，速度不够，就应该考虑通过并购来消解这一矛盾。并购目的不只是获取产品和技术，还有吸纳认同本公司愿景的创业者和技术人才。

亚马逊收购的目的不是简单叠加对方的销售额和利润，而是通过被收购企业的技术和人才力量，与自身资源结合，爆发出几何量级的巨大合力。换言之，亚马逊的收购做的是"乘法"非"加法"。日本企业若想以对等速度同美国科技界的四大巨头竞争，必须使用"乘法"，没有其他选项。

实现"乘法"合力的手段多种多样，除了收购，还有战略合作、非控股股权投资等。灵活运用这些经营战略，是许多想要创新的日本企业需提升的能力之一。

2
打造创新环境的机制和做法

2-1　激发创造性的办公室环境

第 1 章介绍的机制中，新闻稿和常见问题是激发创新的"格式"，"创新峰会"是激发创新的"场所"。此外，亚马逊还十分注重激发创新的"环境"。

一同上班的爱犬，办公室里的"晤面"

亚马逊美国办公室允许员工带宠物狗上班。贝佐斯办公所在地，美国西雅图总部的"第 1 天（Day 1）"大楼，就设了一处狗狗乐园，这成了爱狗人士最理想的办公地。

最新落成的办公楼叫"The spheres"。如名字一样，整个建筑看起来就像三个相连的巨大玻璃球。里面种植着来自30多个亚热带国家的4万多种植物，白天室内恒温22摄氏度，保持60%相对湿度，舒适宜人。在森林般的环境中，随处摆放着桌椅，员工可以凭个人喜好随选一处办公。我几次去美国出差，都体验了身处其中的愉悦。在这片城市中心的丛林里，能产生非常良好的工作状态和专注度。或许非常环境更容易迸发出非常创意吧。

除了美国西雅图总部，在亚马逊其他公司，员工也无须固定自己的办公位置。办公楼内有各种不同风格的公共区域，大家可随心情任选地方工作。舒适的公共空间还有一项功能，那就是增加各部门员工见面的机会，促进意见交流。而各种独特的办公环境可以减轻工作压力，人身处其中更易产生独特的创意，最终有助于促进创新。

注重可以提升创造性的环境的经营者不只贝佐斯一人，苹果公司创始人史蒂夫·乔布斯也是如此。他在建造动画电影工作室皮克斯总部大楼时，希望工作场所可以促进人与人之间的见面交流，所以在内部空间的动线设计上用足了心思。《皮克斯一流创造力》一书中写道：

最终，从横跨中庭^①的拱形铁桥到试映室的椅子，史蒂夫全权负责了新公司大楼的所有细节。为了让员工们在进入各区域时互相碰面，所有区域分别只设置一处入口。会议室、卫生间、邮件室、三个剧场、游戏区、用餐区的入口全部位于中庭……所有这些都有助于员工交流。一天中，大家不断地不期而遇，自然会产生交流。大楼内充满了活力。

2-2 推进多样性的"亲和团体"

充满多样性，包容各种个性的职场"环境"对新创意的产生不可或缺。如果同一组织内都是同类人，富有创造性的创意思维也必将消失。同化思维容易忽略某些特定属性的顾客需求，导致供需背离，引发市场不满。所谓多样性，可以从不同角度解析，如性别、人种、民族、宗教、教育、职业、技能，等等。亚马逊非常重视汇集多种属性的人才。不过，即使聚齐了多样性人才，若是相互分离的状态，也无法产生多样性创意。所以还需要相互接纳，共同成长，也就是包容。

着力建设富有多样性和包容性的职场环境。这个想法，虽不是亚马逊的专利，却因其对激发创新的重要程度，使亚马逊尤为积极。"亲和团体（affinity group）"便是为此建立的机

---

① 中央大厅。

制之一。affinity意思是"类同"，affinity group是背景相似的人群交流的场所。比如"女性技术人员"定期集会，讨论如何让同类属性的人群工作更加便利，并为人员招聘提供建议。截至2021年，亚马逊共有13个此类团体。简单介绍以下几个：

- Amazon People with Disabilities（AmazonPWD）：无障碍团队，为残障员工和顾客提供帮助。

- Amazon Women in Engineering（AWE）：亚马逊女性工程师委员会，为女性或非二元性别者技术人员建立的团队。

- Asians@Amazon：亚裔亚马逊，为亚裔的应聘和录用提供支持。

- Black Employee Network（BEN）：黑人员工网络，为非洲裔的应聘和录用提供支持。

- Body Positive Peers（BPP）：健康同伴，关怀各类特殊体型的员工和顾客。

- Families@Amazon：亚马逊家庭，支持家庭护理。

- Glamazon：亚马逊女战士，支持员工了解彩虹族群体。

- Indigenous@Amazon：亚马逊原住民，支持原住民员工扩大交流。

- Latinos@Amazon：拉美裔亚马逊，为西班牙裔员工和拉美裔员工成立社群，支持员工的就业、教育和能力开发。

● Mental Health and Well-Being（MHW）：心理健康和福祉，促进员工关注心理健康，加深相互了解，提升员工身心幸福度。

3
为机制注入灵魂的机制和做法

3-1　亲自实践，率先垂范

亚马逊对干部有积极撰写新闻稿和常见问题的要求，但实际上多数人是自发的。

对于各级负责人来说，创意提案不仅仅是团队成员们的"功课"，也是自己必需的"实践"。为此，各级负责人在工作中保持探索欲，时刻思考顾客需要的价值所在。对公司内外的信息广泛采集，与团队成员一起探索和发现。

其目的有二。一是负责人的挑战姿态会带动团队成员撰写新闻稿和常见问题的积极性，二是养成和保持自身对成员创意价值进行正确评价的能力。全面掌握信息和正确判断顾客需求，是一名领导者的必修课。否则他将无法正确评判团队的创意能否对提升顾客满意度产生作用。这也是领导者需要亲自撰写新闻稿和常见问题的原因之一。

S团队成员也不例外。他们身处最高管理层，却也一直在积极撰写新闻稿和常见问题，可以预见这将一直持续下去。

毫无疑问，贝佐斯自己就是一个创新者，他总有层出不穷的创意，且不乏将其逐一实现的能力。接替贝佐斯成为亚马逊新一任首席执行官的安迪·贾西，就曾亲自撰写"亚马逊云科技"的新闻稿和常见问题，并由此开创了这项全新事业。如前所述，该项目现已成长为占亚马逊营收利润约六成的超大事业板块。

持续提升，挑战弱项

各位读者朋友也许有时会感叹"我们公司的管理干部，没那么富有创意和创新抱负，也不会亲自执笔企划书。"

确实，创新企划这一能力，有人强，有人弱。即使亚马逊的管理干部们，也并非都是个中能手。有些干部就是长于执行和守成，这在撰写新闻稿和常见问题的效果上就能显露差异。他们的厉害之处在于，即便自认为更擅长执行既有事业，也决不会完全放弃创新。通常来说，这类人才就该专门从事运维现有业务，但是，亚马逊干部没有选择这条道路，而是不断挑战创新，提升企划能力。

反之，觉得自己弱于执行和守成的干部，也会选择努力克服。第1章介绍的"创新峰会"，就是管理干部挑战并克服自己弱项的重要机会。

贝佐斯也曾自我克服弱项

管理干部之所以有挑战自我的决心，是因为贝佐斯做出了榜样。

他在2017年的《致股东信》中写道：

"创办亚马逊之初，我在创造发明、关注顾客以及人才招聘（幸亏有它）方面有很高的水准，但对过程的操控却做不出相应表现，包括：如何解决反复出现的问题、如何从根本上解决问题、如何审查流程，等等。在所有这些弱项上，我必须通过学习来提高水平，同事们就是我的导师。"

贝佐斯坦陈了自己在执行力方面的缺陷，后来以同事为师，最终成功克服。他以己为例，展现出勇于补足自身短板的勇气，全公司的管理干部自然把他当作了榜样。

由此我想起一件事。当初我刚进入亚马逊时，参加了美国西雅图总部开办的领导力培训班。有一位讲师同时也是管理干部，他在创业初期就追随贝佐斯左右。他发给每位学员一本书，声称这是贝佐斯推荐给他"绝对应读"的书，书名《目标》（*THE GOAL*）。

这本书现在已经出了日文版，当时我读的是原文版，它的内容主要关于改善工厂业务。我曾为此好奇，"贝佐斯为什么极力推荐这样一本书呢？"

直到后来我看到了上述2017年的《致股东信》，才恍然大悟。贝佐斯在克服自身执行力短板的过程中，这本书给了他启示，意义重大。

3-2 制度性通过

《哈佛商业评论》（*Harvard Business Review*）在采访中问贝佐斯，"对你来说，最大的战略失误是什么？"

贝佐斯这样回答："我认为多数的重大失误，不是错误地启动，而是错误地漏失。"

创新需要大量的试错，问题往往不在于"创新提案少"，而在于"决策者批准通过少"。

贝佐斯在采访中透露了解决该问题的诀窍——当你认为这是个"不错的创意"时，就问对方一个问题："为什么不做？"

贝佐斯认为这样可以推动想法进入实践。因为面对来自领导者的这一提问，多数人反应会是"做，我会想办法做成。"

而领导的提问，实际上是一种变相的制度性的通过。

上司问"为什么不做呢？"下属回答："做。"或许有人觉得这不好理解。

我就此做以下解释：

前提是，提案人对自己的创意满意却因实现难度较大而犹豫不决。这时贝佐斯与S团队发问"为什么不做？"提案人会因此勇气大增，"做！我会想办法做成。"

在亚马逊，当有人有好创意却畏难不前时，领导者就会在背后推一把，增加想法化为实践的力量。

总之，只要出现"好的创意"，就要给出推力，促其实践。不光贝佐斯，所有其他决策者都要如此。这不是"施压"，而是"驱动"。当然，这只限于"这是个好创意"时。

为了不错失好创意，贝佐斯不光在这次采访中，在其他场合也反复强调"制度性通过"。

管理干部应该是体现"乐观主义"的群体

制度性通过，代表亚马逊在用文化和机制保障有潜力的创意提案，即使风险高且实现难度大，也不会轻易被否定。

例如，第1章介绍了，在新闻稿和常见问题进程中，讨论总是聚焦于"顾客需求"，而不是搜寻"否定的理由"。并且

"双向门和单向门"判断，也是以促进挑战为基准。刚才的提问"为什么不做？"同样也是实现"制度性通过"的机制。

这些机制，规避了创新机会在亚马逊大企业的组织架构中被损耗。

S团队总是需要乐观主义在场，作为"制度性通过"的条件。

向10个新企划发起挑战，其中能成功两三个就是相当不错的结果，多数难逃失败。但一次成功的回报，便能抵消其他所有的损失。所以管理干部时刻以话语强调一项信息——要多多挑战啊。

事实上S团队成员们也是历经多次失败，才有了"亚马逊云科技""亚马逊金牌服务""电子书阅读器"和"回声"的成功，他们就是"制度性通过"的"传教士"。

在亚马逊，干部长期推动好创意迈向实现，有一个重要前提——任何项目都由小开始。意思是从小规模投入开始，初始阶段不做大的投资计划。项目组成员最初人数不多，从项目可行性调查入手，制订推进计划。和风险企业一样，根据项目成长状况筹措资金，招募人员。即便是被寄予厚望的新事业，也会分阶段投入资源。

因为会随时评估是否进入下一阶段，所以可以同时并行试验多个创意。当第一个成功项目出现时，亚马逊便会发挥规模优势，大举投资，促其加速成长。

正因为是企业内部创新项目，更需要"制度性通过"

下面通过风险企业和企业内部创新项目对比，思考"制度性通过"的必要性。

如果是独立的风险企业，即使被某个风投基金拒绝，还可以另寻其他资本方，继续事业的发展。风投资本对同一项目评判不一的情况，并不鲜见。但若企业内部的创新项目，初次提案即被一个决策者否定，就不可能出现另一个决策者准予通过。

为增加创意化作实践的数量，上策或许就是当出现有潜力的创意时，多次探讨项目可行性并对其改进，而不是一次审议就给出否定的结果。或者尽量向着落地通过的方向推进。这种时候，纳入多方视角进行讨论，是规模企业的强项和优势。

3-3 "传教士"克服本能的决策

在多数人印象中，日本企业擅长"延续性创新"，却拙于"破坏性创新"。

重新回顾一下。"延续性创新"发生在现有产品、服务的延长线上，而"破坏性创新"源自和现有产品、服务不同维度的创意，具有一举淘汰既有产品、服务存在价值的极强破坏力。

iMode没能成为苹果智能手机

"破坏性创新"的一个绝佳案例是2007年面世的苹果智能手机。苹果智能手机出现前，手机的核心功能是"通话"，其次是"短信"，还没有任何一股力量能够改变手机市场的版图。

这时苹果智能手机登场了。若说苹果智能手机有什么划时代的变革，那就是给手机增加了"能够下载各种应用程序"的功能。开发者有偿或无偿地发布各种应用程序供用户下载使用。可以说，苹果智能手机是一个应用程序销售平台。

如今这一平台已从通过社交网络服务（SNS·Social Networking Service）进行交流和信息采集，转变为在线提供万能服务的窗口。包括日程管理、健康管理、资产管理、娱乐内容定制服务，等等。

苹果智能手机大获成功后，出现了众多基于安卓系统的竞争者。这催生出"智能手机"新市场，基本消灭了传统"手机"的存在价值，这可以说是不折不扣的破坏性创新。

回顾历史，日本企业曾经也有机会进行苹果智能手机这样的"破坏性创新"。苹果智能手机上市的8年前，也就是1999年，日本电报电话公司（简写为NTT）开发出可以让手机上网的无线通信技术iMode，可以说是智能手机的先驱。但是iMode虽然在日本很受欢迎，却没能在全球范围推广。

东芝变频空调带来的冲击

另一方面，日本企业的"延续性创新"却硕果累累，取得全球性成功的技术不胜枚举。比如，东芝在20世纪80年代率先推出了家用变频空调。

传统家用空调的心脏——压缩机的启动，只有"开/关"两个切换模式。但是东芝生产的新型空调通过加装变频器，调整压缩机运行达到最佳转速，由此提升了室温调节功能，大幅提高能效比，减少电费支出。家用变频空调满足了节能的时代需求，迅速成为空调市场的全球性标准。

那么，为什么长于延续性创新的日本没有产生破坏性创新呢？

多数情况下，企业的破坏性创新创意只停留在人脑中。企业推动创意实施，要过两大关。

第1关，将员工脑中的想法输出为提案，推向评审台。

第2关，不错失辛苦上台的精彩提案，将其推向下一阶段。

过第1关的解决方法是充分利用第1章和第2章介绍的各项机制。

在此，我要讲一下如何不错失精彩提案。也就是日本企业该如何扎实培育"随身听（walkman）"之类的破坏性创新萌芽。

索尼创始人在"随身听"项目上展现出的洞察力

我们无法期待日本企业出现有一流洞察力的经营者和管理干部吗？

我认为并非如此。

说起"发现破坏性创新萌芽的经营者"，我首先想到索尼创始人盛田昭夫拍板开发随身听的故事。

此事在索尼公司内部被人津津乐道。

基层提交上来的企划案是"没有录音功能，但体积做到最小的录音机"。据说样机做出来后，遭到管理层多数人的反对。但是盛田昭夫说"很好！"他力排众议，把这个产品推向量产。

盛田昭夫的这个决断，说明他没将这种小型录音机视作"延续性创新"，而是洞悉其破坏性创新的可能。

如果把录音机小型化只看作"便于携带"的"延续性创新"，那么，没有录音功能的"随身听"，更像是一件半成品。

但盛田昭夫认为，录音机小型化后，戴上耳机可以催生新的顾客体验——在户外边走边听音乐。也就是说，这项提案被寄予了"破坏性创新"的期待。

做决断的盛田昭夫持续全面关注新的动态和创意，也经常聆听研发人员关于新产品的解说。我在索尼时的一位同事，进入公司的第三年便得到了去董事长办公室做新产品说明的机会。他兴奋地告诉我，盛田昭夫问了他各种问题，并感谢他"百忙之中特意来做说明"。这令他大为感动。

亲信2号反对下的贝佐斯决断

亚马逊的贝佐斯当然也不会缺少类似故事。

电子书阅读器就是一例。在论证电子书阅读器项目可行性的高层会议上，电子商务负责人杰夫·威尔克发言强烈反对。

"我们是软件公司，不是硬件公司。"

他推演了缺乏制造能力的公司在开发电子设备时，需付出的种种代价，并以此极力反对。在那次会议上，经过激烈争论，贝佐斯最终宣布实施电子书阅读器项目。

"我认为我们会做得更好，同时，我也承认有可能会面临那些困难。尽管如此，我们还是要做。"

对辉煌的亚马逊电子商务来说，杰夫·威尔克居功至伟，深受贝佐斯和整个高层信任，是地位仅次于贝佐斯的2号人物。他还有麻省理工学院制造业领袖计划的专业背景，身具管理学硕士和工程硕士学位，对制造业有相当见识。即使这号人物强烈反对，亚马逊最高决策者依然做出"做"的决断，这成为公司的一次重大转机。若当时的结论是"不做"，那么不仅是电子书阅读器，依靠电子书阅读器项目的技术积累开发出的"回声"和"亚马逊平板电脑"都将不会诞生。

分别来自贝佐斯和盛田昭夫的两次决断，呈现出同样的特征。

即，在两项破坏性创新背后，是最高决策者明察秋毫、慧眼识珠的"洞察力"。

虽是如此，本书也无意主张破坏性创新需要期待盛田昭夫和贝佐斯这样的慧眼天才出现。

因此，接下来我将思考如何提高非天才型高层决策者和管理干部的洞察力，形成组织之力的方法。

"慧眼天才"的判断基准

我猜测，盛田昭夫和贝佐斯在批准产品开发项目时，判断重点放在了以下几个方面。

贝佐斯的电子书阅读器
- 电子书阅读器可以提供全新的阅读体验——60秒内找到所有已印刷的书籍。
- 若能提供上述阅读体验，顾客会对电子书阅读器爱不释手，普遍需求一举显性化。

- 亚马逊开发电子阅读器,更能深入思考用户的便利性和功能需求,产品性能更加友好。

盛田昭夫的随身听

- 这款产品可以带来全新的顾客体验——户外入耳式音乐。
- 自己也很想要这款产品。
- 如果能提供这样的产品,顾客将爱不释手,普遍需求一举显性化。
- 如果索尼不做,其他公司难以产生类似创意。

两人在确信全新顾客体验价值的基础上,认定"我们不做,没有别人能够做成""我们将把尚未显露的普遍需求迅速变现",决策由此而出。可以说,二人都进入了"传教士"境界,确信"去做"是自己的使命。

是什么使这样的决断成为可能?我觉得可以概括为"彻底的顾客中心主义"。

不过,两者的做法并不完全相同。

盛田昭夫站在顾客立场,设想"如果是我,真心想要吗?",从这一视角审视所有新产品提案。并且,他经常会拿着新产品听年轻的设计者讲解说明,以此保持对新事物的敏感。正因为他平时积极接触新的文化潮流,才敏锐地预见到会有越来越多的人希望在户外也能方便地听到音乐。索尼内部报纸曾报道年过60的盛田昭夫体验流行的帆板运动。在随身听项目的决策和展现出的洞察力，正是由于他与时代和新事物的永不脱节。

本书第1章已介绍，亚马逊有基于新闻稿和常见问题进行项目论证的机制。贝佐斯犀利的洞察力，本质上和盛田昭夫一样，都是个人感觉的天生敏锐。但亚马逊更进一步，建立起有组织创新的机制，并因此形成优势。

在亚马逊，各项新闻稿和常见问题要经过多轮讨论，直至被广泛认可。如，讨论"是否存在普遍需求""长期看能否成长为规模化事业""所做之事是否对顾客有益""顾客能否真心喜欢该产品、服务"等。通过参与日常审议、反复讨论各项新闻稿和常见问题，全员都训练出敏锐的感觉。

"独具慧眼"来自"克服本能的判断"

即使不是天才型的高层决策者或管理干部，也可以通过新闻稿和常见问题方式的讨论审议，逐渐胸有成竹，对面前的创意能否开创出新事业做出判断。

不过，判断结果并不能确保成功。于是很多高层决策者会在这一阶段出现退缩。盛田昭夫和贝佐斯同样作为公司创始人，都是边积累创新经验边推动公司成长的经营者。因此，不可否认，他们做出大胆决策的门槛比其他经营者低。

为了让亚马逊未来的管理干部能像自己一样果敢决策，贝佐斯在公司内外反复强调判断的方法、背景和思考方式。思考方式主要有以下两种，更详细的信息见第4章。

○ "失败和发明是密不可分的孪生兄弟"
○ "不怕被误解"

这两条都是贝佐斯的话。前者意思是"开创新事业，失败在所难免"。后者是说"有些项目即使在数据上显示短期亏损，但长期有望获得巨大回报，对此要勇于挑战"。

"甘冒失败风险，为长期回报而牺牲短期利益的决策"这一价值取向，有悖人类本能。人们总是容易重视眼前利益，不自觉将重点放在短期回报上。同时还有规避风险的倾向，即便有概率获得巨大回报，也会对不确定以及风险表现出厌恶。这都是人类的本能。

也就是说，如果想抓住破坏性创新的萌芽，形成独具慧眼的决策，就要做出克服人类本能的判断。所以，多数人都会在此退缩。贝佐斯的上述两句话，是在强调希望高层决策者能做出反本能的决断，甘愿在反对声中前进。贝佐斯称之为"大胆下注（Bold bet）"。

不是天才，也能独具慧眼

"甘冒失败风险，为长期回报而牺牲短期利益的决策"是贝佐斯的理念真髓。对于就创新提案有裁决权的人来说，是应当充分领会的指导方针。

无论是拍板批准随身听项目的盛田昭夫，还是力排众议推进电子书阅读器项目的贝佐斯，都做到了克服本能进行决策，虽然不知是否有意为之。

从众多提案中进行优选，被称作慧眼识珠。这种洞察力可以用第1章、第2章介绍的机制和做法加以提升，最终做到胸有成竹，判断出"这绝对是我要推进的项目"，确信"这将是我们的使命"。

再往下就是克服本能。此时决策的判断标准和指导方针是"甘冒失败风险，为长期回报而牺牲短期利益"。

最开始，可以通过小规模决策积累经验，就此逐渐具备进行大规模决策的能力。

我认为，亚马逊最终将摆脱对天才个人的依赖，系统性减少对精彩创意的错失，有组织地进行破坏性创新。

要证明这一预测的正确性，必须等待亚马逊在现任首席执行官安迪·贾西的领导下出现破坏性创新。不过，我认为贝佐斯一定认为安迪·贾西已经做好了准备，所以才安心退休。

3-4 持续改进机制

本书置于亚马逊创新机制之首的新闻稿和常见问题与领导力原则，是贝佐斯和S团队为应对公司面临的问题逐步建立起来的机制，它在创业期并不完整。

并且，这些机制的建立均以"找到更好的方法就随时改进"为前提，这是亚马逊的特征。

关于亚马逊的领导力原则，第1章已做了介绍。实际上，在具体内容之前还有以下前言（内容引用自笔者在职时的原则，现在文字表达或有变动，下画线为笔者注记）。

领导力原则

在亚马逊，无论你是岗位一员还是重要团队的负责人，都须是领导者。这就是我们的领导力原则，除非你掌握了更好的。所以请做一名领导者。

在此，我希望大家关注"除非你掌握了更好的"这一表达。

也就是说，如果有"更好的原则"，就会改变原先的，即使曾奉为准则。

反复强调"除非你有更好的"

在亚马逊，每个团队都各自制定名为"Tenets"的组织信条，明确"团队为什么存在""团队活动的目的是什么""顾客是谁"等问题。这些组织信条也都有"除非你有更好的"这一前提。

亚马逊不厌其烦地强调，深刻表明了亚马逊不仅"乐于推陈出新"，还含有对"全员产生新创意"的期待。看到这句话，我也实际感受到"这并非死板的章程，而是在寻求员工的独立观点"，让人没有"一切都已决定好了"的被动感。

激发员工产生相关创意、进行挑战，是S团队成员的重要职责。

所谓"激发"，实际上也是S团队的自问自答。他们时常问自己"能不能改良现有机制？""现在的机制是否发挥了预期效果？"

2021年追加2条领导力原则就是一个实例。公司成长为一家大型企业，对社会和员工承担的责任也随之增大。亚马逊对此有清醒认识，为此新增了以下2条行动规范。

● 努力成为地球上最好的雇主

领导者努力创建更加安全、更具建设性、更易发挥实力、更为多样和公正的职场环境。领导者有共情心，自己享受工作，也努力让每个人都能享受工作。领导者时常问自己，我的同事在成长吗？有没有足够的裁量权？他们准备好前进一步了吗？领导者将员工个人的成功视为愿景和责任。亚马逊如此，其他公司也一样。

● 成功和规模带来广泛的责任

亚马逊自车库创业以来，不断取得成功。虽然现在我们规模很大，有一定的全球影响力，但远非完美无缺。我们要以谦虚之心深刻思考自己的行为带来的次生影响。为了社会、地球及后代，我们必须不断成长。当每一天开始，我们都将重整决心，为顾客、社会、伙伴企业和整个社会产出更好的产品，采取更好的行动，成为更好的企业。当每一天结束，我们都坚信明天可以做得更好。领导者创造的价值远大于消耗，并不断推动事物向更好发展。

贝佐斯在临近退休时做出以上补充。"除非你有更好的"这句话，可能也经常出现在他的心里吧。

这只是几个持续改进机制的例子。本书介绍的"亚马逊机制"本身就在不断增补和改良。我2013年进入亚马逊，在职6年间，目睹了亚马逊追加改进了很多机制。持续改进机制和规则是管理干部的重要职责。

3-5 在公司内部一直强调创新的重要性

有些话语，贝佐斯在公司内外反复提起。例如，为顾客进行发明的重要性、创新应该是为了给顾客提供价值、这是我们的职责、带有亚马逊基因的思考方式等。

将贝佐斯的言论传达出去，也是以S团队为首的管理干部们的重要职责。经过S团队成员乃至基层管理者们的反复宣传，贝佐斯的话语渗透到公司的各个角落，深入人心。亚马逊每天都有新员工加入，面向他们的话语传达从未停止。

贝佐斯经常强调的，远不止下述几条，其他的在第4章将进行详细说明。尽管以下几条只是其中的一小部分，不过我们也可由此管窥贝佐斯思想和亚马逊企业文化之一二。

- 亚马逊不关注竞争对手，只关注打动顾客。
- 我们不怕长期被误解。
- 只做基于数据的决策，规避基于判断的决策的企业，将错失创新和创造长期价值的机会。
- 棒球打出本垒打最高只能得4分，商业本垒打却有可能得1000分。
- 公司规模增大，失败的规模就会相应变大。如果不是，就只能说明没做到与规模相匹配的发明创造。

这一小部分言论，精准戳中了本书前言提到的"以顾客为中心""发明""长远思考"三原则的本质。贝佐斯在用充满激情的话语，推动亚马逊这一庞大组织的运作。话语的巨大力量，是一个不断从事创新活动的组织的领导人所必须掌握的。

但是，亚马逊创始人的个人传达力毕竟有限。不过还有S团队将这些内涵深刻的话语反复宣传，使贝佐斯的思想被不断放大，作为组织文化固定下来。我身在其中的那段时间，深深感受到了它们所唤起的勃勃生机。

2021年2月2日，贝佐斯宣布自己将在2021年第三季度的某个时候卸任亚马逊首席执行官，改任执行董事长。他同时发表了一封致员工信，内容充满了强烈的贝佐斯风格。

信中，他尤其强调的是"持续发明的重要性"。

后面我将引用信函，通过下画线标出与"过去和未来的发明"相关的内容。

发明是亚马逊成功的根源。通过发明，亚马逊在此前实现了大量创新，希望员工以此为荣。亚马逊今后也将取得惊人成就，希望员工以此为榜样，在新的领域不断发明。信的最后以"现在依然是第1天（It remains Day 1）"结束。

亚马逊的愿景是"成为地球上最重视顾客的企业"。贝佐斯认为顾客常有未被满足的需求，为满足这些需求，需要有

"持续发明的基因"。所以，亚马逊一直在全球130万名员工的身上培植这种基因。信中也着重强调了这一点。

为了让大家能感受到贝佐斯这封信的所具有的力量，我将亚马逊主页上刊登的原文翻译如下，同时加入了我自己的解说。

亲爱的亚马逊人：

我很高兴地宣布，在第三季度，我将成为亚马逊董事会的执行董事长，安迪·贾西将成为首席执行官。作为执行董事长，我打算将精力和注意力集中在新产品和早期规划上。安迪在公司里很有名，他在亚马逊的时间几乎和我一样长。他将是一位杰出的领导人，我对他充满信心。

信函以"亲爱的亚马逊人"开始，营造出朋友谈话的气氛。接下来的正文开头，贝佐斯宣布将首席执行官一职交给安迪·贾西，自己改任执行董事长。

值得关注的是，贝佐斯指出自己作为董事长将专注于"新产品和早期规划"。这证实了"发明"是贝佐斯的偏爱，今后他也将继续关注创新。贝佐斯在过去、将来，会把一生都致力于"发明"吧。

27年前，亚马逊只是一个想法，还没有名字。当时，我最常被问到的问题是："什么是互联网？"幸运的是，我现在已经不用去解释它了。

如今，我们雇用了130万有才华、敬业的员工，为数亿客户和企业提供服务，亚马逊被公认为世界上最成功的公司之一。

<u>这是怎么做到的？答案是发明。发明是我们成功的根源。发明是我们成功的根源。我们一起做过疯狂的事，再让它们成为新的平常。</u>我们开创了顾客评论、一键下单、个性化推荐、金牌会员加速配送、无人收银、气候承诺、电子书阅读器、亚历克萨、销售市场、基础设施云计算、职业选择，等等。<u>做得好的话，再惊人的新发明也会迅速变成平常。面对它，人们会打哈欠。对发明家来说，这个哈欠就是最大的奖赏。</u>

贝佐斯在回顾27年的创业旅程时写道："亚马逊（最初）只是一个想法"。亚马逊创办于1994年，当时很多人还不知道互联网为何物。之后亚马逊迅速成长为拥有130万员工，服务数亿顾客的大型企业。

贝佐斯问自己"<u>这是怎么做到的？</u>"，答案极其简单，是"<u>发明</u>"。"<u>发明是我们成功的根源。我们一起做过疯狂的事，再让它们成为新的平常。</u>"这句话彰显了贝佐斯的自信。

贝佐斯举了几个亚马逊创新的例子，如业已普及的"顾客评论"以及 "一键下单""金牌会员加速配送"，随后他得出结论：

"做得好的话，再惊人的新发明也会迅速变成平常。面对它，人们会打哈欠。对发明家来说，这个哈欠就是最大的奖赏。"

创造下一代眼里的平常就是最大的发明。贝佐斯不无自豪地写道：

"我不知道还有哪家公司取得了和亚马逊一样的发明成果。我相信我们现在还是最有创造力的公司。希望大家和我一样，为我们的创造力感到骄傲。请大家务必以此为荣。"

贝佐斯的卸任致辞很长，后面的就不一一引用了。最后贝佐斯总结道：

继续发明创造，开始看起来过于疯狂的创意，也不要轻易放弃。也别忘了闲庭信步，让好奇心作为行动指南。现在依然是第1天。

贝佐斯在信的最后，又回到"发明"这一话题。他建议员工："继续发明创造，开始看起来过于疯狂的创意，也不要轻易放弃。也别忘了闲庭信步，让好奇心作为行动指南。"最后以"现在依然是第1天"结尾。

感觉如何？能感受到贝佐斯"话语的力量"和对发明创造的热情吗？《致股东信》中也出现了大量的贝佐斯语录。或许那些在网页上留存和传播的贝佐斯语录，也是亚马逊有组织提升创新能力的机制之一。

持续创新：可复制的亚马逊创新方程式

专栏 3

亚马逊"领导力原则 14 条"解说

依次创新 5 阶段

第1章简要介绍了含2021年新增2条在内的共16条亚马逊"领导力原则"，其中和创新关系密切的是传统14条。下面请容许我简单阐述几点个人看法。

新商务从产生创意到付诸实施，这一事业开发过程大致可分为5个阶段。本专栏将顺着这5个阶段整理亚马逊14条领导力原则。希望能够帮助大家理解在创新的不同阶段，各需要什么样的行动指南。

阶段 **1** > 产生创意

阶段 **2** > 企划书的撰写、提交和评审

阶段 **3** > 组建团队，制定并推进规划

阶段 **4** > 检验进展，判断是否继续推进

阶段 **5** > 产品、服务经试点后投放市场

事先声明，以下的内容划分纯属我的个人见解，不代表亚马逊的观点。

阶段1　产生创意

在这一阶段，重要的领导力原则有以下3条：

● 顾客至上

领导者以顾客为出发点展开思考和行动，为获得并维护顾客的信赖倾尽全力。领导者亦关注竞争者，但顾客永远是关注的中心。

● 持续学习，永葆好奇

领导者持续学习，不断提升自己。领导者对新的可能保持好奇心和探索欲。

● 目光远大，志存高远

狭窄视野中不会出现重大成果。领导者通过提出大胆的方针和路线指导获得成果。领导者以全新视角探索为顾客服务的一切可能性。

阶段1的启示　摒弃旧执着，立足顾客视角

在产生创意的阶段，需要彻底立足于顾客视角。如强迫症般痴迷于顾客，就是亚马逊领导力原则第1条"顾客至上"。

换言之，就是搜寻未被满足的需求（Unmet Needs）。迅速掌握顾客未被满足的需求，是创新的起点。比如亚马逊无人超市。贝佐斯之所以执着于彻底消灭收银的存在，是因为感知到"便捷支付"就是顾客未被满足的需求。

若是发现顾客遇到问题，就必须思考如何解决这一问题。此时需要的行动原则是"持续学习，永葆好奇"。这条原则要求领导者不断学习，并且是在好奇心驱动下的自觉学习。要解决顾客的问题，仅靠自己专业领域的知识和既有知识是不够的。必须对自己专业外的领域和新技术趋势抱有兴趣，广泛搜集信息。

划时代解决问题的创意，总是常人意料之外的，所以必须要有广阔的视野。而打开广阔视野的钥匙，必是远大的抱负。"目光远大，志存高远"，通俗讲就是"往大了想"。制定远大目标，全力探索一切可能，才能诞生夺目的创意。所以"目光远大，志存高远"传达的信息是不要目光短浅、斤斤计较。

相反，如果抛开这3条原则去思考创意会如何呢？所做的产品、服务提案势必会局限于竞争者的动向、自身知识架构、公司现有技术等，从而忽视顾客未被满足的巨大需求，错失创新机会。即使有同事的提案大胆捕捉了顾客需求，自己也会以可实现性低为由予以否决。

阶段2　企划书的撰写、提交和评审

在这一阶段，重要的领导力原则有以下4条，前2条和阶段1共有。

- 顾客至上
- 目光远大，志存高远
- 主人翁意识

领导者要有主人翁意识。领导者考虑长远，不为短期结果舍弃长期价值。领导者不只为团队效劳，而是为整个公司行事。领导者绝不会说"这不是我的工作"。

- 创新与精简

领导者要求自己的团队进行创新和发明，并时刻追求精简。领导者关注动态变化，从一切可能之处寻找新创意，并不局限于个人开发。我们落实新创意时，可能要接受来自外界的长期误解。

阶段2的启示　以长远视角，追求精简

写新闻稿和常见问题就是要找出未来"产品、服务"与"需求"的交互点。正如第1章所言，需要以顾客为出发点进行思考。"顾客至上"也是这一阶段必须贯彻的领导力原则。

此前已说明，新闻稿和常见问题非一次写就，而是一种书写格式供成员们讨论和打磨创意。在打磨创意的过程中，重要的是长远视角，不能为了公司短期利润牺牲顾客长期价值。这时就应该发挥"主人翁意识"原则。亚马逊将主人翁意识定位为全体员工的行动原则，要求以主人的姿态从长远视角考量事业全局。

在现实商务活动中，将长期价值置于短期利润之上，将面临诸多困难。克服这些困难则需要大胆设想。所以"目光远大，志存高远"原则，在这里也很重要。

产生于大胆设想的好创意简要而单纯。团队打磨新闻稿和常见问题时，根据"创新与精简"原则，论证问题的解决方案是否创意十足又简明扼要。

反之，假设让这些原则缺席，撰写和讨论新闻稿和常见问题又当如何呢？

如果"主人翁意识"和"目光远大，志存高远"原则缺席，那么原本隐含独创性和破坏性的创新创意，将会被修剪成现实的形状，大胆的部分不复存在。

如果"创新与精简"原则缺席，干脆就无法产生大胆而纯粹的创意。

阶段3　组建团队，制定并推进规划

在这一阶段，重要的领导力原则有以下5条，第3条"主人翁意识"和阶段2共有。

- 择良才，育英才

领导者不断提高招聘和提拔员工的标准，慧眼识英才，并在整个组织中积极使用人才。领导者培养其他领导者，认真履行育人职责。我们建立新机制，帮助所有员工进步成长。

- 赢得信任

领导者专注倾听、坦诚说话、真诚待人。领导者直面自己的错误，即便会因此难堪。领导者不将自身和团队的错误正当化。领导者时刻以最高标准要求自己及团队。

- 主人翁意识
- 基本正确

领导者在大多数情况下保持判断的正确性，有来自卓越判断力和丰富经验的敏锐直觉。领导者寻求多样性思维，不厌恶反证自己的观点。

- 勤俭节约

我们以更少资源实现更多成果。勤俭节约是孕育创新能力、自主意识和发明欲望的源泉。人力、预算及固定支出并非多多益善。

阶段3的启示　注重人才质量，厉行勤俭节约

在亚马逊，撰写新闻稿和常见问题提交的企划项目立项后，将获得用人权，即赋予领导者按照公司规定人数录用员工的权限，录用人员来源不限于公司内部。也就是说，亚马逊要求领导者纳才视野不拘公司内外，广招天下能人一起攻坚克难，有用才和育才的眼光和胆识。此时的行动指南是"择良才，育英才"原则。

但仅凭成员的个人能力，并不足以推动项目成功。必须用尊重和信任将人才团结起来，促进彼此间真诚坦率的交流与沟通，形成不讳言是非对错的工作氛围。"赢得信任"原则有助于创建这样强大的团队。

项目开始后，要求领导秉持主人翁意识，立足长远展开正确的思考与判断。"基本正确"原则揭示了领导者所需要做到的正确。

经营资源是有限的。因此以尽量少的资源达成项目目标，正是"勤俭节约"原则存在的必要。节约的资源将成为后续创新的能量。

若是在以上领导力原则缺席的状态下创建团队，无论带有多么精彩创意的计划，都会因成员能力不足或缺少团队合作而

受挫。如果重新招募人员组建团队，则会浪费本就有限的时间和资源。

实际上，亚马逊也出现过关键项目因团队问题进展不顺的情况。新项目团队成立后，成员迟迟不能到位，或者很快出现人员调整。正因如此，亚马逊强调"择良才，育英才"原则，反复打磨聘用机制，彻底强化人才培训，以提高员工整体业务能力，做足人才储备。

下面介绍亚马逊为"择良才，育英才"，所采用的2个代表性机制——"行为面试"和"抬杆者"。

"行为面试"是一种深挖应聘者行为特性的面试手法。面试官会让应聘者就自己曾采取过的行动回答几个问题，如"为什么采取该行动？""为什么如此判断？""结果如何？"等。比起简历上的"业绩"展示，更关注对方"如何达成业绩"。不止成功，失败也是分析的对象，从失败中学习也能获得正面评价。面试官由此辨别应聘者过去取得的成果是偶然的，还是可再现的。判定其成功方式具备可再现性后，再进一步分析符合哪一条领导力原则。

我也参与过此类"行为面试"。应聘者的思考方式和做出判断的标准在面试中会展示无遗，其人强于或弱于哪一条领导力原则也随之显现。

提问采用一对一的方式，但录用与否需由所有在场的面试官开会决定。面试前，每位面试官被分配数个应评价的领导力原则。面试后，按分工各自分析应聘者擅长哪些领导力原则，哪些领导力原则存在问题，并撰写裁定合格与否的评价报告。全体面试官交齐评价报告，随后开会讨论录用结果。通过评价报告，也能看出面试官的招聘水平，所以大家都会拿出自己的最佳状态进行比试。另外，即使招聘对象是自己下属，也不能独断专行。

更为重要的是"抬杆者"的判断。

"只录用高于现有员工能力平均值的人才"是亚马逊的基本方针，可以说是不断"提高用人标准"。而有着提高"录用标准"资格的人，便被称为"抬杆者"。人才必须得到"抬杆者"的认可才能被录用。

要成为"抬杆者"必须满足多项条件，标准很高，下面简单说几条。

- 招聘面试经验丰富。
- 领导力原则表现突出。
- 在以往的招聘面试中，关于领导力原则的判断准确。
- 最低接受数月特别项目培训（即使接受培训也并非轻易就能拿到相应资格，有的人耗时数年才获得资格）。

不过，"抬杆者"类似志愿者，即使获得了资格，也不会在薪酬上有什么体现。所以"抬杆者"是一群对亚马逊使命抱有强烈共鸣的、纯粹的"亚马逊人"。

在"抬杆者"机制下，只要"抬杆者"不点头，就不能被录用。哪怕用人项目的领导者非常认可应聘者，想要将其纳入麾下。

■ 仅靠现有员工，能发起创新吗？

与亚马逊这样的美国公司不同，日本企业很少为了新事业从外部招聘新人。因此，也无须像亚马逊一样建立一套机制，来确认拟录用人员是否符合本企业的文化和行为规范。

但是，在日本，今后从外部录用人才的机会将越来越多。日本企业将以实现大规模创新为目的，逐步营造更富多样性的、能催生大量创新创意的职场环境。

体现"择良才，育英才"原则的亚马逊机制，对立志做此改变的日本企业来说，可供参考。

阶段 4 检验进展，判断是否继续推进

在这一阶段，重要的领导力原则有以下 3 条。

● 刨根问底

领导者时刻关注所有业务，掌握细节，频繁确认现状，个别事例与指标不符时随时提出疑问。领导者眼中没有不值得关注的业务。

● 崇尚行动

商业世界速度为王。很多决策和行动可推倒重来，不需要大规模讨论。经过再三考量的冒险是有价值的。

● 有担当，质疑并执行

领导者有义务对自己不认可的方案表达质疑，哪怕这会带来不安，让他们心力交瘁。领导者坚持信念，不轻易放弃，不随意妥协随大溜。但是一旦形成决议，就全面参与，全心投入，全力以赴。

阶段4的启示　认真讨论，快速行动

在亚马逊，新闻稿和常见问题项目立项后，负责人要每季度向高层汇报进展，接受评审，判断是否已完成季度指标。若未达标，就要深挖原因，制订重建计划。相反，若超额完成指标，则要提前执行计划，将项目提速。

■ "由执行者介绍详情", 很难解决问题

无论项目进展超出预期还是低于预期, 领导者在此过程中都要全面把握各层次业务的进展状况, 当部分业务与设想有出入时, 要深入分析原因。显示领导者这一职责的领导力原则是"刨根问底"。

我经常看到, 在企划评审会上, 让"具体执行者介绍详情"的场景, 这在亚马逊是不被允许的。亚马逊要求领导者详细了解项目内容, 视作亲自执行, 用自己的语言加以说明。

无论是未达标开启重建计划, 还是达标后提前启动计划, 都需要迅速采取下一步行动, 相应的领导力原则是"崇尚行动"。

变更计划时, 高层和团队成员之间有意见分歧很常见。这时要坚持自己的意见, 即使对方是自己的上司, 在讨论中也要不卑不亢、不打折扣地表达清楚自己的想法。如果因为对方是上司便轻易妥协, 代价一定是创新的消失。但是, 当讨论形成了结果, 即使和自己意见相左, 也要全面执行。这就是"有担当, 质疑并执行"原则。

■ 深入分析、讨论数据, 直至题解透彻

如果没有"刨根问底", 就难以正确地修正项目轨道。因

为在臆测和感情的主导下，会缺失可信数据和依据，不能准确抓住项目偏离预想轨道的症结所在，最终导致项目失控。

如果缺乏"质疑"，面对来自高层的意见时，容易囫囵吞枣，不求甚解。这不仅妨碍正确寻找要因，还将明显打击项目团队的积极性。如果自己率领的团队，在不理解决策"依据"的状态下推进项目，就意味着团队失去了主人翁意识。

阶段5　产品、服务经试点后投放市场

在这一阶段，重要的领导力原则有以下3条，其中"顾客至上"原则和阶段1、阶段2共有。

- 顾客至上
- 坚持最高标准

领导者时刻秉持高标准，哪怕外界认为这些标准对多数人来讲过高过严。领导者通过不断提高标准，推动团队提供高质量产品、服务和流程。领导者杜绝不达标，有问题切实解决，采取改善措施确保问题不再重现。

- 拿出成果

领导者聚焦关键商业投入，高效率、高质量执行，直面困难，绝不妥协。

阶段5的启示　通过试投放检验，避免"不尽如人意"

当新产品、新服务成形，在正式面市前，通过对少量用户或在公司内进行试投放，测试其完成度，也就是最终检验。

在最终检验阶段，首先要确认成形的产品、服务是否得到了预想顾客的支持。即便获得了预想的支持，亚马逊也不会就此满足，而是在正式投放前验证有没有进一步提升顾客体验的空间。遵循"顾客至上"原则，图谋更高的可能，这就是"坚持最高标准"。虽然实现起来困难重重，但若能为顾客提供价值，亚马逊人会全力以赴，毫不含糊，直到达成结果。这种行动原则被称为"拿出成果"。

如果这些领导力原则缺席，投入宝贵资源开发的新产品、新服务，将会成为充满妥协的产物。不尽如人意的产品和服务，自然不会得到顾客长期支持。顾客的意愿没有得到充分满足，就会失望地"不想再用第二次"。通过试投放征集顾客反应，目的就是以无限接近极致的完成度对市场进行投放，因此非常重要。

■ 讨论"无障碍退会的方法"

抽象地讨论不好理解。所以我想通过一件令我惊叹的往事，来说明亚马逊对"最佳的顾客体验"执着到何种程度。

亚马逊有金牌会员制度。顾客按年或月支付一定的会费便可享受免费配送、金牌视频服务、金牌音频服务等特权。

有一次，我出席一个关于改善金牌会员体验的会议。在讨论到会员解约流程时，一位高层干部提出了这样一个问题："顾客如果想解约，能否立刻实现？"

说实话，当时我有些震惊。其他公司网站都会刻意烦琐解约手续，如果反过来简化手续，会直接影响会员数量和会费收入吧？可是在这里，在顾客体验的语境中，竟然公开讨论这样的措施。

至少直至2021年9月我写本书时，亚马逊金牌会员如果想解约，可以相当便捷地在线办理。亚马逊网站首页有一个下拉菜单，名为"顾客服务"，选择"亚马逊金牌会员信息"，右上角会出现"更新会员信息取消金牌会员"选项，点击即可进入解约程序。

如果顾客"想取消会员"，那就彻底讨论，将"顾客取消会员的体验"做到最佳，这就是亚马逊的企业文化。那次会议上，我的惊叹正在于此。这就是"顾客至上"原则下的"坚持最高标准"。我再次领会到了领导力原则的意义。

寻求解约的顾客体验了"便于解约的动作路线"后，对亚马逊的信任将大增，长远来看，将会为金牌会员数量带来正向结果。

组建团队，制定并推进规划

上面我将自己理解的亚马逊领导力原则和创新5阶段之间的关系进行了对应介绍。我想大家应该理解了所有的领导力原则都与创新息息相关。

但是，没有人将所有的领导力原则集于一身。这就需要了解团队成员分别擅长哪些领导力原则，有意识地进行互补。

特别是创新5阶段中的前2个和后3个，所需要的领导力原则性质大不相同。前2个阶段是产生、打磨创意的过程，后3个阶段是组建项目团队、设计具体产品、服务、投入市场的过程。下面我们从这一视角，重新看一下这5个阶段。

【创新的前2个阶段】

产生、打磨创意

【阶段1】产生创意

【阶段2】企划书的撰写、提交和评审

【创新的后3个阶段】

组建项目团队、设计具体产品、服务

【阶段3】组建团队，制定并推进规划

【阶段4】检验进展，判断是否继续推进

【阶段5】产品、服务经试点后投放市场

整理后可以直观感受到，创新的前2个阶段和后3个阶段所
需要的领导者资质不同。下面嵌入对应的领导力原则看一下。

【创新的前2个阶段】

产生、打磨创意

- 顾客至上
- 持续学习，永葆好奇
- 目光远大，志存高远
- 主人翁意识
- 创新与精简

【创新的后3个阶段】

组建项目团队、设计具体产品、服务

- 择良才，育英才
- 赢得信任
- 主人翁意识
- 基本正确
- 勤俭节约
- 刨根问底

- 崇尚行动

- 有担当，质疑并执行

- 顾客至上

- 坚持最高标准

- 拿出成果

前2个阶段和后3个阶段共有的原则只有"顾客至上"和"主人翁意识"。虽然都是以创新为目的的活动，前后阶段对领导者资质的要求有很大的不同。

于是，自然就会产生在前后阶段更换领导者的想法。亚马逊正是如此实践的。

具体来讲，就是后半程统帅项目团队的领导者和前半程写新闻稿和常见问题并成功立项的提案人非同一人。进入实施阶段，选拔具备相应领导力原则的人才为负责人，完成角色交接。

但是，提案人不会就此完全脱离。项目进展，注定会是一个迂回曲折的过程，难免遇到难关。这时团队成员要听取各方建议。其中企划提案人是尤为重要的存在，他基于"目光远大、志存高远"提交的创意，是项目的起点。

第 **4** 章

贝佐斯关于创新的关键语录

前面几章介绍了"亚马逊创新的方法"。

第1章介绍了将非天才型的"普通员工"改造成"创业者集团"的机制和做法（习惯行为）。第2章介绍了亚马逊规避"大企业陷阱"的机制和做法。随着企业规模扩大，这些陷阱造成企业创新的难度加大。第3章介绍了为各项机制注入灵魂的"管理干部的职责"。

本章将通过贝佐斯的原话，再次确认以上一系列方法论背后的贝佐斯思想。

本书读到这里，大家应该已经了解了亚马逊多层次激发创新的种种机制。

本章的目的在于重温为此注入灵魂的贝佐斯语录。了解亚马逊机制后，再来品味贝佐斯原声，能更清晰地窥得其含义和意图。

众所周知，贝佐斯很少接受媒体采访。不过他经常向员工发表讲话，每年的亚马逊年度报告，都会刊登贝佐斯亲自写的《致股东信》（也称《贝佐斯信》）。读一些记录贝佐斯在各类研讨会上公开发言的文本，便能发现一些独特的贝佐斯式话语。

这些话语表达了亚马逊企业文化的主干。

本章将汇总整理贝佐斯式话语中与创新相关的关键语录。

经营者选用的话语，撑起员工的内心

优秀的经营者选用的话语，有可以撼动员工内心的力量。

在索尼工作时，我听当时的社长大智典雄先生说过一句话，至今无法忘怀。

"要创造动人心弦的产品。"

听了这句话，作为年轻工程师的我，开始自问创造的产品是否触动了使用者的"心弦"。为此，我还把样品拿回家试用了几天进行确认。

时至今日，已过去近30年时间，"心弦"一词仍在我心里挥之不去。现在回头来看，这个词教会了我什么是产品开发中极致的"顾客至上"。

我此处摘记的贝佐斯的关键语录，恐怕在二三十年后仍会留在亚马逊员工的心里。无论他是继续在亚马逊工作还是跳槽到其他公司，这些话语都将从根本上支撑此人的工作态度。

◆ 顾客至上

亚马逊不关注竞争者，只专注于打动顾客。

——Our energy at Amazon comes from the desire to impress customers rather than the zeal to best competitors.

强烈表达了亚马逊根本理念的词语，非"顾客至上"莫属。这不是"追求"，不是"向着"，而是"痴迷（obsession）"

从这个单词的选用，能感受到贝佐斯的强烈想法。如同"被顾客迷住"一般，全心思考顾客需求，无止境改进所有产品、服务，提升为顾客提供的价值，即便在亚马逊占据主导地位的商业领域中，也概莫能外。

有不少公司奉行"聚焦竞争者（competitor focus）"战略，通过打败同场竞技的对手获得超额利润。而亚马逊从不把战略眼光集中在竞争对手身上。寻找对手与自己的差异，形成竞争优势的战略，短期内或许可以顺利推进。但长期看来，这种对手间的小冲突本身就会衰减、褪色，直到失去意义。

因为顾客不会因此得到满足。并且，在长期竞争中，竞争双方或多方相互紧盯，很可能忽然出现一个谁也没注意到的小公司，为顾客提供出全新的价值。这样，竞争各方的产品和服务失去了存在价值，企业本身也会陷入存亡危机。

亚马逊聚焦顾客而非竞争者，还有别的好处——公司内部各类活动更具"自发性"。

聚焦竞争者的企业，时刻监视竞争者，因对手动向而调整价格，改变产品和服务。充其量不过是受对手牵制的"被动性"活动。

但是贯彻"顾客至上"原则的亚马逊，从未把目光焦点投向竞争者，自然也不会被动行事。想要为顾客提供更高价值，让动机催生行为，通常是自发性的。企业只要不断自发探索打动顾客的方法，就能提供有别于其他公司的独特产品和服务。

"顾客至上"的领导力原则，在每一位亚马逊员工心里深深扎根。

2013年，我加入亚马逊并负责一个团队，过了一段时间，我向团队成员们提议，改变我们团队所负责商品的页面布局，这样有利于提高销售额。没想到这一提案遭到成员们一致反对，理由是"从短期扩大销售额的观点来看，这个办法或许行得通，但从'顾客至上'的视角长远来看，效果适得其反。"

团队成员满怀自信地发言反驳团队负责人，让我非常感动，同时我也亲眼见证了"顾客至上"原则已渗透至每一位亚马逊员工，成为决策的标准。我确信这就是亚马逊强大的根源，并且反省了自己的短视，撤销了提案。

※语句摘自《2012致股东信》

◆ 不怕被误解

> **我们不怕长期被误解。**
>
> ——We are willing to be misunderstood for long periods of time.

越是新的挑战，越脱离现有常识。人们初次见闻或许会惊异万分，看不透其本质，所以创新意图被误解的情况屡见不鲜。但如果因此而退缩放弃挑战，就将永远失去创新机会。

贝佐斯将顾客评价机制引入网售图书时，出版社给出了消极反馈。如今，商品1 ~ 5星评价机制已属平常。在出版社看来，或许书籍会因好评销量大增，同样也会有人因为差评而放弃购买。实际上，根据当时的分析，导入顾客评价机制，会给销售额带来若干负面冲击。

但是，贝佐斯当时有一个信念，导入顾客评价机制的目的在于帮助顾客做购买决策，而不是卖方的短期促销。

所以，贝佐斯不断给出版社做工作。

如果顾客在购书时，可以参考其他顾客的评价后再判断是否入手，将大概率减少"实物和想象不同"所带来的消极顾客体验。最终将减少顾客购书风险，提升满意度，增强顾客购买欲。从长期来看，这应该有助于提升图书的整体销量。

导入顾客评价机制还有一点好处，即出版社可以了解顾客读书后的感想。如果将其活用到以后的书籍出版中，将大幅提高优秀出版物的产出率。

因此，长远来看，对出版社来说，顾客评价机制带来的也不会是负面影响。

不过，这种立足长远的信念，并不能马上得到大家理解。贝佐斯也因此多次受到"这事干不成"的批判和反驳。这才有了后来贝佐斯的这条语录：为进行大规模创新，"我们不怕长期被误解"。

※语句摘自GeekWire2011年6月7日《杰夫·贝佐斯谈创新》：亚马逊"不怕长期被误解"

◆ 用判断决策

> **只用数学方法进行决策，回避使用判断进行决策的企业，将丧失创新和创造长期价值的机会。**
>
> ——Math-based decisions command wide agreement, whereas judgment-based decisions are rightly debated and often controversial, at least until put into practice and demonstrated. Any institution unwilling to endure controversy must limit itself to decisions of the first type. In our view, doing so would not only limit controversy —it would also significantly limit innovation and long-term value creation.

上面是2005年贝佐斯《致股东信》中的一部分，我大致进行了意译。

用数学方法进行的决策容易形成广泛共识，而使用判断进行的决策，至少在付诸实施、得到实证前会饱受争议。任何喜欢回避争议的组织，都会让自己的决策限制在第一种类型。在我们看来，这不仅限制了不同意见，也明显限制了创新及长期价值的创造。

方才讲到越是崭新的挑战越容易长期被误解。一大要因是，许多新决策虽然在长期来看有望获得巨大的销售业绩和利润，但短期内却明显无法做到。并且，长期获益的预测也并非基于数学方式，而是基于判断和假说。

这就如同风险企业并不期待自己提供的新产品、新服务投放市场后短期获益，这是一个关于烧钱的成长期结束后再产生利润的设想。

亚马逊所进行的创新，如果用数学方法做短期判断，多数结论将是"不该做"，原因就是销售额和利润并不乐观。

拿即时订单更新功能来举例。顾客登录已完成订单页面后，该功能会自动提醒如"上次于2010 / 7 / 9购买"，短期看明显会影响销售，却深受顾客欢迎。这情形如同亚马逊金牌会员免费配送功能。

利润最大化不是第一追求，低价提供商品才是优先项，这是亚马逊的基本方针。因此，单看短期销售额和利润的数学分析结果，必然不能得出正面意见。

一项对销售额和利润有负面影响的措施，亚马逊却能执行到底。这是因为它相信改善顾客体验可以增强顾客信任，这会带来网页浏览人次的增长，如此长远来看，意味着销售额和利润的大幅提升。当然，并非所有判断都是正确的，有时长期成功的预期并未兑现。但是，如果惧怕失败、惧怕误解，只用数学方法决策，亚马逊就不会有一系列成功的创意，也不会有全球2亿多的金牌会员。

※语句摘自《2005致股东信》

◆ 不惧失败

> **棒球打出本垒打最高得4分，商业打出本垒打可获1000分。**
>
> ——When you swing，no matter how well you connect with the ball，the most runs you can get is four.In business，every once in a while，when you step up to the plate，you can score 1，000 runs.
>
> **我认为这里是全球最适合失败的地方。**
>
> ——I believe we are the best place in the world to fail.
>
> **失败和发明是密不可分的孪生兄弟。**
>
> ——failure and invention are inseparable twins。

　　贝佐斯在2015年的《致股东信》中大谈失败。其中最核心的是以上三句话。这三句话表达了贝佐斯面对破坏性创新时的思考。贝佐斯通过这封信向股东传达"将来还会有很多失败，但不要担心，巨大的成功可以弥补这一切"。同时，他向员工传达"我们将来也要积极果敢地进行实验，尽管其中多数将归于失败。但是，为了大规模的成功，我们将继续前进"。

　　当年这封《致股东信》对其他公司的经营者和员工来说，也是学习亚马逊不断开展大规模创新秘诀的绝佳材料。其中特别值得关注的有以下几条：

- 要取得巨大的成功，失败就在所难免。与其说在所难免，不如说失败的概率更高。
- 亚马逊的大胆挑战，多有失败。
- 历经众多失败，仍坚持大规模挑战新事物，所以亚马逊是适合失败的公司。
- 新事业成功后的回报没有上限，一次大规模成功就足以弥补众多失败。
- 所以，坚持大胆挑战非常合理。

出于以上思路，亚马逊不断大胆赌博，达成多项巨大成功。如"亚马逊云科技""亚马逊销售市场"和"亚马逊金牌服务"。这三项服务现在已经成为亚马逊三大事业支柱。

当然，其他公司想要实践亚马逊的方法论，还需要做一些准备。可能有的公司失败概率过高，一次大规模成功不能填补多次失败带来的损失。要成功实践，前提是参考前几章介绍的亚马逊创新机制和做法，来提高成功概率。刚开始，公司设定年度容许失败的指标，取得成功后，逐步提高容许指标，这也是长期成功的关键。亚马逊以挑战网售图书起家，在取得1千万美元、1亿美元的成功过程中，逐步扩大了容许失败的规模。

2015年的《致股东信》可以帮我们了解贝佐斯关于创新、

失败、发明、期待回报的观点和想法，我引用了相关内容：

我认为我们特别擅长的领域之一是失败。

我相信亚马逊是全球最适合失败的地方（我们经验丰富！）。失败和发明是密不可分的孪生兄弟。要发明就必须实验，如果成功可以被预知，那它就不是一个实验。多数大型企业都接受"发明"的概念，却不能包容通往成功之路上所必经的一连串失败。

巨额回报往往出现在押注传统思路的对立面，而传统思路通常是正确的。

如果存在一种胜率10%，回报率100倍的赌局，你应该坚持每次下注。但是，下注10次，会有9次失败。

众所周知，打棒球时如果全力击球，可能会三振出局，也可能打出本垒打。

但是，棒球和商业不同，棒球的成果分布是受限的，出棒击球无论多么精准，最高也只能得4分。而在商业领域，有时能击出1000分。这种长尾的回报分布，就是大胆作为极为重要的原因所在。大赢家总会不惜投资进行大量的实验。

※语句摘自《2015致股东信》

◆ 规模越大，失败越大

> **公司规模扩张，失败的规模也会相应增大。若非如此，就是没有进行相应规模的发明和创新。亚马逊偶尔发生数十亿美元的失败当属正常水平。**
>
> ——As a company grows, everything needs to scale, including the size of your failed experiments. If the size of your failures isn't growing, you're not going to be inventing at a size that can actually move the needle. Amazon will be experimenting at the right scale for a company of our size if we occasionally have multibillion-dollar failures.

这是2018年贝佐斯《致股东信》中的语句。

当年，亚马逊年销售额约2300亿美元。如此庞大的销售规模，如果进行适当规模的实验，应该会偶尔发生数十亿美元量级的失败。如果没有，只能证明亚马逊懈怠，没有进行必要规模的实验。

换言之，这是在向股东们宣布，今后为更好地服务顾客，将要冒着巨大风险推进实验。不过，这里有一个前提，即"赢得一次豪赌，所获回报足以覆盖多次失败产生的损失"。贝佐斯以这样独特的表达，强调了一次成功的大规模破坏性创新所蕴含的巨大价值。

从另一个角度看，2018年亚马逊纯利润100.73亿美元，即使每几年损失数十亿美元也完全能够承受。

贝佐斯承认，成功创新的背后是多次失败。

信中提到，智能手机"'亚马逊手机'是一次失败"。

亚马逊2014年决算报告显示，第三季度"亚马逊手机"存在1.7亿美元的库存损耗。由于此前"亚马逊手机"并未盈利，所以"亚马逊手机"业务至少亏损了1.7亿美元。加上研发费用，该项目亏损数十亿美元也不足为奇。

2014年亚马逊亏损2.41亿美元，2013年盈利2.74亿美元。从净利润所得比率看，相较2018年所示基准，2014年对新事业进行了更为大胆的投资。不过亚马逊2014年流动资金为19.49亿美元，所以现金流并不是问题。

"亚马逊手机"虽然失败了，但它的开发为"亚历克萨"和"回声"的成功打下了基础。"亚马逊云科技""亚马逊销售市场""亚马逊金牌服务"等核心事业便在此类大胆投资中产生。考虑到这些，2018年"对比100.73亿美元的纯利润，数十亿美元的失败"并没有成为一个惊人的数字。

亚马逊2020年销售额升至3860.64亿美元，净利润213.31亿美元，能容许更高频次数十亿美元量级的失败也不奇怪。

所有创新都存在失败的风险。所以，贝佐斯以各种话语反复强调冒险挑战创新的重要性。其中常用的关键词有"乐于接受失败""敢于大胆实验"等。

公司规模扩大，能产生冲击性影响的创新规模会随之扩大，所以实验失败的成本也相应增加。说起来轻松，而最高决策者以明确的话语传达这一事实，需要相当的勇气。贝佐斯自己在"顾客中心""发明""长远思考"的信念下，不断发起创新，虽然失败次数远超成功。但因为有大规模创新的成功经验，才能做此发言。并且，只有对亚马逊挑战创新的能力充满信心，才能做此发言。

不经历大的失败，就没有为顾客真正提供价值的大的创新。贝佐斯的这一主张，进一步佐证了亚马逊是在从零起点推进创新。

如果对已经确立了一定技术和市场的领域进行投资，风险和回报在一定程度上都是可预测的。正因为是挑战从零起点开始，去创造一个全新市场，风险和回报才双双增大。正如本书介绍，推动新事业时，即使经过新闻稿和常见问题充分讨论，仍然难以避免失败。

贝佐斯如此写道：

当然，我们不会轻率地进行这样的实验。我们将努力使其成为好赌注，但并非所有的好赌注都能有最终回报。承担这样大规模的风险，是我们作为一家大型公司可以为顾客和社会所提供服务的一部分。而对股东来说，好消息是，赢得一次豪赌就足以弥补多次所输掉的。

※语句摘自《2018致股东信》

◆ 毅力和耐心

以亚马逊现今的规模，播下新事业的种子，让其成长至对公司产生足够贡献，就需要培养有毅力和耐心的企业文化。

——At Amazon's current scale, planting seeds that will grow into meaningful new businesses take some discipline, a bit of patience, and a nurturing culture.

上面这段话出现在贝佐斯2006年的《致股东信》中。亚马逊2020年的销售额是2006年的36倍，培育能为公司带来贡献和影响的大规模新事业，所需毅力和耐心不可同日而语。需忍耐的时间也相应变长。

新事业无论将来发展为何等规模，都始于一粒"小小的种子"。贝佐斯说"以我们过去的经验，一项新事业从开始快速成长到规模足以影响整个公司需要3~7年"。

从播种开始，亚马逊几乎所有的主力事业都出自自己的培育。

前面所举的"亚马逊云科技""亚马逊销售市场""亚马逊金牌服务""亚历克萨"和"回声"，现在都已成长为支撑亚马逊收益的大事业，它们都是亚马逊从播种开始勠力培育的结果。其原动力就是本书介绍的以新闻稿和常见问题为首的各项机制和做法。

亚马逊虽然积极收购持有未来科技的小公司，但是对于已拥有庞大用户群的业务收购有限，如高端商超"全食超市"、有声书平台"Audible"、游戏直播平台"老鼠台"等。

由公司员工播种培育新事业，这一点和同属美国科技界四大巨头的脸书、谷歌通过巨资收购"照片墙""瓦次艾普""油管（YouTube）"等大型社交网络服务企业，来为公司发展注入强大动力稍有不同。

亚马逊多数员工亲身参与或目睹过一项新事业从播种到培育成数十亿、数百亿美元的大规模事业的过程。他们能切身感受到，任何创新从萌芽到结出硕果都需要时间。所以，即使短期难见成果，他们也有足够的毅力和耐心，用3～7年的时间扶植这些有着巨大潜力的种子，直到长成、壮大。贝佐斯认为这种积累是亚马逊固有的组织性优势。从这封信可以深深感受到他对于此的自信心。要维持这种组织性优势，就必须不断保持对新事业的挑战，并增补有相关经验的人才。

※语句摘自《2018致股东信》

◆ "第1天（Day 1）"

> "第2天（Day 2）"便是停滞不前，随后是持续被边缘化，伴随难耐的痛苦走向衰落，直至死亡。我们必须时刻处在"第1天（Day 1）"的原因正在于此。
> ——Day 2 is stasis. Followed by irrelevance.Followed by excruciating，painful Decline. Followed by death.And that is why it is always Day 1.

正如第1章所言，亚马逊创新的出发点在于"今天依然是创业第1天"的"第1天"精神。

即使在创业25年后，亚马逊已成长为超大型企业，能够致力于大规模事业，但仍不能忘记初创时期的创业者精神。必须持续进行创新，给顾客创造新的价值。

象征性传达贝佐斯这一主张的词语是"第1天"，贝佐斯办公的美国西雅图总部大楼就命名为"第1天大楼"。

在2016年《致股东信》的开头，贝佐斯便着力强调了"第1天"的重要性。而"第2天"则意味着结束。

永葆"第1天"精神，为了顾客持续成长。至于最终成长为什么样的公司，2015年的《致股东信》中有象征性的关键语句。

我们希望自己是一家大型企业同时又是一台发明机器。

"发明机器"一词含有此意：具备大企业的规模，又如初创企业一般，致力于为顾客创造全新的价值。实际上，许多大企业陷入了"第2天"状态。当然，即使不能保持初创期的创新精神，陷入了"第2天"状态，也不会立刻步履维艰。而是逐渐停滞，走向衰落。

在2016年的《致股东信》中，贝佐斯表示：

确实，这种衰退发展非常缓慢。确立了一定地位的企业即便陷入"第2天"状态，几十年内也可能维持收益。但是，终将面临末日。

反之，如果成为规模企业后，仍能保持"第1天"状态，加上雄厚的资本、人才、高端技术、品牌力，能够比白手起家的创业者更快发起创新，更快大规模地为顾客提供新价值。这才是亚马逊的目标和本质。可以说本书前几章讲的各种机制，也是亚马逊为避免进入"第2天"所做的努力。

在2016年的《致股东信》中，贝佐斯列举了避免陷入"第2

天"的4大要点。

- 真正的顾客至上（True Customer Obsession）
- 抵制代理（Resist Proxies）
- 顺应外部趋势（Embrace External Trends）
- 快速决策（High-Velocity Decision Making）

详细如下：

- 真正的顾客至上

商务聚焦方式有很多，你可以专注竞争对手，也可以专注产品。你可以专注技术，还可以专注商业模式，等等。但在我看来，专注顾客是保持"第1天"活力的最有效方式。

为什么呢？以顾客为中心的方法有很多优点，而最大优点却是顾客总是不满意。即使他们在商业报告中是满意的，且我们商业很成功。而事实上顾客总是想要更好的，即使他们不知道怎样才更好。而你取悦顾客的欲望，会驱使你为他们而发明。比如从来没有顾客要求亚马逊创建金牌会员计划，但后来的事实证明这正是他们想要的。这样的例子我还能举出很多。

保持"第1天"状态要求你耐心实验、接受失败、播撒种子、保护幼苗，并在确认博得顾客欢心时加倍付出。顾客至上文化，创造出最适合上述情况发生的环境。

● 抵制代理

随着企业大型化、复杂化，会出现委托代理倾向。这种倾向以多种形式和尺度出现，危险而隐秘，完全是"第2天"状态。

一个常见的例子是代理流程。好的流程帮助你更好地服务顾客。但是，如果你不提高警觉，流程就会变成一个障碍。在大型组织，这种情况非常容易发生。流程替代了成果成为你关注的目标。你不再关注工作成果，只是严格地遵循整个流程，被动接受。一个经验匮乏的领导者在出现糟糕的结果时，经常辩解说"我是严格按流程来的"。而一个经验丰富的领导者则借此机会去调查并改进流程。流程本身不是问题，重要的是我们应该经常问：是我们控制流程，还是流程控制了我们？在"第2天"状态的公司里，或许是后者。

● 顺应外部趋势

如果你不能迅速感受强大的外部趋势并顺势而为，外部世界将会把你推向"第2天"。跟趋势较劲，就是和未来战斗！顺应趋势，你就会有所作为。

大的趋势并不难捕捉，因为它总被人们口头或书面广泛议论。但是，在有些大型组织，顺应大趋势却出奇地难。在机器学习和人工智能领域，我们就正在目睹一个典型例子。

过去数十年里，计算机按照程序员明确定义的规则和算法，广泛实现了各种任务的自动化。现在，那些难以明确设定规则的任务，我们同样可以通过充分利用机器学习技术实现自动化。

在亚马逊，我们致力于机器学习的应用已有数年，其中有些努力广为人知……但我们在机器学习方面所做的工作更多是在水面下进行。机器学习帮助我们优化需求预测、产品搜索排名、产品和交易推荐、广告投放、欺诈检测、翻译等。机器学习的影响多数如此，不显眼但极大地改善我们的核心运营。

● 快速决策

"第2天"状态下的企业可以做高质量的决策，但过程会非常缓慢。要保持"第1天"的能量和活力，你就必须找到某种方式，快速做出高质量决策。这对初创公司来说相对容易，但对大型组织却极具挑战性。亚马逊公司的干部团队决心保持高质量决策的速度。在商业领域，速度极为重要。而且，快速决策的状态更令人享受。

※语句摘自《2016致股东信》《2015致股东信》

◆ 了解技术

> **我们做任何事都离不开技术。不能把技术单纯交给研发部门。**
>
> ——All the effort we put into technology might not matter that much if we kept technology off to the side in some sort of R&D department，but we don't take that approach.Technology infuses all of our teams，all of our processes，our decision-making，and our approach to innovation in each of our businesses. It is deeply integrated into everything we do.

　　眼下，众多技术革新正在发生，今后可能成为创新的平台。互联网和计算机技术自不必说，基因组分析、机器人、人工智能、能量存储等，也处在正在进行技术革新的广阔领域，很显然所有产业都难以置身事外。［创新平台的观念源自美国投资基金"方舟投资管理公司（Ark Investment Management）的调查报告"，详情见终章。］

　　处在这样的时代，如果对技术革新带来的威胁和机会以及即将到来的变化没有正确认知，将无法勾画企业战略，做出事业发展决策。反复强调这些，是因为这一波技术革新的冲击不止发生在有限范围，它将波及所有行业，其破坏性可能从根本上颠覆现有产业的概念和存在的意义。

本节标题摘自2010年《致股东信》，我进行了概括意译。

如果把技术完全交给研发部门，那么我们为技术所做出的努力就不会显得如此重要。但我们没有那么做。技术渗透至我们所有的团队、流程、决策以及各项事业创新。技术已深深融入了我们所做的一切。

采用贝佐斯式表达或许是，将技术革新和事业战略分开讨论的公司是"第2天"状态，它会令公司走向衰落。

举个具体的例子。2020年新冠肺炎疫情发生以后，日本社会也强烈呼吁数字化转型。日本2021年成立了数字厅，负责推进国家和地方行政机构数字化运营。国家和地方行政机构数字化运营若能顺利推进，企业数字化也将跟进，现有业务的生产效率提升后，能够用于创新的资源将大幅增加。

完美！不过，为什么是现在？

我在美国思科系统工作已经是20年前的事了，当时公司内部业务从未使用过印章。过了大约10年，我在通用电气日本公司工作时，同其他公司签合同也使用电子签名。现在越来越多的日本企业开始引入电子签名，但是却晚了10年。这也是日本"失去的30年"的一大要因。

社会学家埃弗雷特·罗杰斯（E.M.Rogers）提出的"创新扩散理论"按照接受新产品、新服务的速度，将受众分为5类，由早至晚分别是：①创新者（Innovator），②早期采用者（Early Adopters），③前期追随者（Early Majority），④后期追随者（Late Majority），⑤落后者（Laggards）。

日本在数字化转型领域的现状，与其他发达国家相比属于落后者或后期追随者。

哀叹对现实无益。从贝佐斯的话语中获得启示，对于我们汲取过往教训、改善现状极为重要。

改变技术只是技术工作者的事情这一观念。高层决策者和管理干部要在了解技术的本质、潜在威胁和机会的基础上，判断"现在应该做什么"。决策者和行政干部做任何判断，都应充分考虑技术的威胁和机会并灵活应用。

或许有人会说，贝佐斯在大学学的就是计算机科学，自然可以做到。但是，亚马逊的管理干部中，有些并无技术背景。他们做判断时不会说"这件事，就按技术人员说的办吧"，不会在对技术内容一无所知的情况下，完全听信别人。他们至少是对决策所需的技术感兴趣，有了解欲。

当然，每个人的背景不同，对技术了解的深度也各异，但只要努力去了解，达到支持判断和决策的程度并不难。并且我们也无须独自判断，管理团队可以共同了解和判断。通过团队中对技术理解较深的成员的补充，加深集体对技术的理解，提高判断能力。

无关教育背景和年龄，只要有兴趣，任何人都能理解技术。反过来讲，技术专家有责任对目标技术进行说明，便于其他人理解。从对技术的兴趣和了解出发，就能充分利用技术，较早开发出顾客欢迎的新产品、新服务。

※语句摘自《2016致股东信》

◆ 弯曲和偏离

> **重大发现很可能需要偏离。**
>
> ——The outsized discoveries-the "non-liner" ones-are highly likely to require Wandering.

"wandering"有"弯曲""偏离"等意思。

贝佐斯认为，在传统做法的延长线上不会产生重大发现，即大规模创新。而大规模创新的过程，必然伴随"弯曲和偏离"。

根据丰富的经验，贝佐斯深知，新项目越是具备革新性，越是有望获得巨大的成果，通往成功的道路就越不寻常。

亚马逊发明顾客欢迎的产品并投放市场，收到顾客反馈后根据需要投放更先进的改良版本。在此过程中，他们有时会重返最初的假说和创意，选择和原先完全不同的做法。也就是说，小的改进和大方向调整都需多次反复，才能走向最终的成功。

正如前面所言，新事业壮大需要长年累月的发展，所以亚马逊通常从长远视角进行考量。但这并不是说要"缓慢推进"，而是"设立假说，然后推翻，反复多次"。这里有一个大前提——"彻底站在顾客立场"。

如果计划缜密，一切按部就班直线推进，这当然最是理想。但是，在别人从未涉足过的创新领域，呈线性进展的项目极其罕见，多数要伴随大量的试错。贝佐斯用"弯曲和偏离"来表示这种"来来回回寻找正确答案的过程"。

最高决策者公开表示，新事业的成功免不了"弯曲和偏离（试错）"，这极大地鼓舞了员工的勇气。面向创新，朝着一个看不见的目标上下求索的员工们，有时会因为没有取得计划中的进展而茫然甚至绝望。但是，贝佐斯在背后鼓励他们，"这些都在预想内"。

在亚马逊，进展偏离计划不会被问责，而是期待员工分析"为什么发生偏离"，并提议"应该如何修正方向"。这是一个关于偏离的程序。

通过新闻稿和常见问题立项的创新创意，不可能一下尽善尽美。它是许多人参与修正、打磨而成的。不断被改写的新闻稿和常见问题，就是一项以"弯曲和偏离"为动机的机制。所以，它有时也被称为"活文件（living document）"。

※语句摘自《2018致股东信》

◆ 畏惧顾客

> **我们需要畏惧心。每天早晨醒来都能感到畏惧，而这畏惧并不来自对手，而是顾客。**
>
> ——I constantly remind our employees to be afraid，to wake up every morning. Not of our competition，but of our customers.

　　贝佐斯对员工反复强调"我们畏惧的不是竞争对手，而是顾客"。

　　一般的经营者可能不会使用"畏惧顾客"这一表达，他们甚至认为这是"冒犯顾客"。而贝佐斯却特意这么说。他是在用这一让人印象深刻的表达，告诉员工要时刻将顾客置于思考的中心。

　　上面引用的语句，摘自1998年的《致股东信》，信中记述如下：

　　一直以来，我们都在致力于成为最重视顾客的公司。毋庸置疑，顾客总是聪明而富有洞察力的，他们眼中的品牌形象是真实的观照，而非相反。我们对此有清醒的认识。

　　因为是真实建立了品牌形象，而非品牌形象粉饰真实，所以亚马逊很少通过在电视、网络等媒体打广告来树立品牌形象。也很少看到亚马逊的干部为了提升品牌形象在媒体发言。相比在这上面耗费时间和金钱，他们更专注为顾客提供更好的产品和服务。没有真实支撑的品牌形象毫无意义，所以要全力塑造真实。

贝佐斯接下来写道：

我们认为顾客是忠诚的，直到有别人为他们提供出更好的服务。

我们必须致力于持之以恒的改善、实验和创新。

贝佐斯说，必须不断改进服务，因为顾客永不满足。

2017年的《致股东信》让我印象尤为深刻，在此稍作介绍。其中最难忘的是"One thing I love about customers is that they are divinely discontent"这句话。其核心意思是"顾客永不满足"。通过"天然的（divinely）"这一定语，提纲挈领地指出，顾客的期待和要求注定是不停上涨的，不要妄想下降。

我喜欢顾客的一点，是他们天然的永不满足。他们的期望值从不停歇，不断拔高。这是人性使然。如果人类满足，就不会从狩猎时代进化至今。贪欲驱使人们追逐更好的生活方式，昨天"哇"的惊叹在今天即化作"寻常"。我观察到如今的进化速度远超以往，大概是由于相较过去，人们获得海量信息过于轻易。

我曾经负责影像光盘、音乐光盘、软件、电玩等业务领域。

我每天的工作状态就是一边确认自己负责的商品网页，一边检查"有无应改善之处""有无潜在问题""库存状况""价格有无问题""图片有无问题"，等等。因商品数目庞大，自然无法逐一检查。这么做，是为了从顾客立场进行检查，探寻提供更优服务的可能性。相反，如果真有什么大问题，那将影响数百万、数千万人，甚至可能失去顾客信任。我至今难忘当初无时不在的紧张感。

※语句摘自《1998致股东信》《2017致股东信》

◆ "传教士"

> **"传教士"创造更好的产品。**
>
> ——Missionaries build better products.

"传教士"也是贝佐斯的常用词。

"成为地球上最重视顾客的企业"——贝佐斯认为亚马逊就是为这一愿景而存在的集团。而亚马逊人（亚马逊员工）则是隶属于这一集团的"传教士"，是为使命而工作的群体。当然，并非每一位员工都坚信自己是"传教士"。但可以肯定的是，他们是为实现同样的愿景和使命而共同奋斗的伙伴。

贝佐斯认为，无论是不是亚马逊员工，成为"传教士"的渴望都在驱动人们树立比金钱利润更为远大的目标。他坚信"传教士"一定会创造出更好的产品和服务。

开头的话语引自2007年的《致股东信》。信中，贝佐斯举了电子书阅读器的例子。

关于电子书阅读器的未来展望，贝佐斯这样写道：

我们对电子书阅读器未来的愿景是，在60秒内可以阅读到任意一本、任意语种、已被出版的书籍。

贝佐斯进一步指出，传统纸质书做不到的，电子书阅读器可以做到。比如，搭载辞典功能，可即时查生词；可以云存储自注笔记和下画线；自动保存阅读进度；视觉疲劳时可调整文字大小等。

贝佐斯还点出了电子书阅读器在漫长人类历史中的定位。

我们人类是和工具共同进化的。我们改变了工具，工具又改变了我们。毋庸置疑，数千年前人类发明的文字是一种非同寻常的工具，它极大地改变了我们。500年前古登堡的发明大大降低了书籍成本。纸质书开创了新的交流和学习方式。最近，台式电脑、笔记本电脑以及手机、掌上电脑等网络工具再次改变了我们的生活。这些工具使我们更加倾向于"信息快餐"，人们注意力的保持时间也越来越短。关于这个问题我想讨论一下。

贝佐斯说的"信息快餐（information snacking）"，是指用短时间快速获取信息的行为。贝佐斯还提出了与其对立的概念——"长篇阅读（long-form reading）"，而电子书阅读器就是为"长篇阅读"而打造。

作为一台阅读设备，电子书阅读器的开发、设计思路，是适合长文并伴随思考的慢阅读。也就是说，电子书阅读器的定位是对抗日益蔓延的"信息快餐"的工具，它肩负着使人类日益缩短的注意力重新延长的使命。

电子书阅读器的开发团队是一群共享使命的同道，他们更容易开发出好的产品、服务，这正是本节开头贝佐斯话语的意思所在。

再以无收银店铺"亚马逊无人超市"为例。借用贝佐斯的话，其未来愿景是"消灭店铺最糟糕的排队结账时间"。设定这么高的目标，应该是克服了重重困难才得以实施的。

如果只想着增加销售额或提升店铺运营效率，贝佐斯应该早就因为其高投入和成功的不确定而选择了放弃。贝佐斯之所以没有放弃，正因为他是忠实于"成为地球上最重视顾客的企业"使命的"传教士"。

贝佐斯理想中的世界是这样的：

出现了亚马逊这样的"传教士"企业，为了使命将短期盈亏和效率置之度外，最终成功实现了"亚马逊无人超市"。而"亚马逊无人超市"在市场上的成功，吸引了其他企业的效仿，也开始着手实现同样的服务。如此，零售业实体店铺的运营标准被刷新，全世界的人都将享受更好的、全新的顾客体验。

这才是贝佐斯的期望。贝佐斯希望亚马逊作为"提高了重视顾客的标准的企业"彪炳史册。实际上，日本在2020年开始有大型零售业者宣布开设"无收银店铺"，这是贝佐斯的理想将要实现的新例证。

　　※语句摘自《2007致股东信》

◆ 从顾客需求出发

> **实现从顾客需求出发的新事业，通常需要获取新的能力，调动新的肌群。**
>
> ——Working backwards from customer needs often demands that we acquire new competencies and exercise new muscles, never mind how uncomfortable and awkward-feeling those first steps might be.

在2008年的《致股东信》中，贝佐斯将"逆向工作法"同"技能导向法"进行了对比。

"逆向工作法"从顾客需求出发进行新事业构想，"技能导向法"从用活企业现有能力和技术出发，开发新事业创意。"技能导向法"的优点在于能够充分盘活现有资源，却存在不能获取新能力，现有能力又逐渐落伍的危险。而"逆向工作法"通常需要获取新能力来满足顾客需求，这本身便可视作优点。

贝佐斯在信中列举了"电子书阅读器""亚马逊云科技"和"亚马逊无人超市"等获取新能力的案例。在实现这些新事业的过程中，亚马逊通过掌握并利用新能力，从网上书店迅速发展为业务范围极广的科技巨头，跻身美国科技界的四大巨头，与谷歌、苹果、脸书比肩。

我们的做法是，如果能识别顾客需求，并确信这种需求有长远意义，就允许以数年的坚持来获得解决方案。这种从顾客需求出发的"逆向工作法"和利用现有技术和能力推进事业机会的"技能导向法"形成鲜明对照。

采用"技能导向法"的人说，"我们擅长X，除了利用X还能有别的吗？"

这确实是比较实惠的商业行为。不过，仅仅使用"技能导向法"的企业将失去开发新技术的动力。从顾客需求出发的"逆向工作法"，通常需要我们获取新的能力，调动新的肌群。为此，我们不在意迈出第一步会多么艰难和笨拙。

我们想象中的顾客体验，不容许阅读器和服务之间有任何壁垒，必须将两者完美融合。亚马逊没有设计和生产硬件设备的经验，但是我们没有让现状改变期望，而是招募有能力的（"传教士"型的）硬件技术工作者，有组织地学习新技术。这是我们服务于未来图书阅读者所必须掌握的技术。

※语句摘自《2008致股东信》

专栏 4

亚马逊"飞轮"的能量
《基业长青》的启示

2001年秋，管理学家吉姆·柯林斯的《基业长青2：从优秀到卓越》（*GOOD TO GREAT*）发行后，贝佐斯曾邀请柯林斯见面，并同亚马逊干部一起聆听其高见，热烈讨论。

在1995年发行的《基业长青》（*BUILT TO LAST*）中，柯林斯提出了很多概念，至今仍被创业者奉为准则。当讲到贝佐斯这样的经营者时，我脑海强烈浮现出两个概念："报时人（Time teller）"和"造钟人（Clock builder）"。

■ 从"报时人"到"造钟人"

"报时人"是"启动某个时间的人"。

《基业长青》中提到，"拥有伟大的构思或愿景，具有领袖气质的领导者"相当于"时间出纳员"，从事报时人的工作。

与此相对，"造钟人"是"让时间继续下去的人"。按照柯林斯的说法，"创办公司，并将其打造成跨越不止一代的领导者，历经许多产品生命周期长盛不衰的基业"相当于"时钟工匠"，是造钟人的工作。企业要想做时间的朋友，仅有报时人远远不够，还需要造钟人。

　　亚马逊创业期至今，贝佐斯的作用是慢慢变化的。

　　初创时期，贝佐斯的工作是指出事业方向和未来愿景，亲自领导和带动全员。就是柯林斯所说的"报时人"。

　　后来随着组织扩大，贝佐斯所处的位置发生了转变，他不再只是亲自发起创新，而是建立并落实再现创新的"机制"，引领组织迈向更高的境界。也就是说，贝佐斯完成了从"报时人"向"造钟人"的转变。

　　"报时人"的工作是设定组织前进的方向和战略，推动组织向目标迈进。而"造钟人"的工作是构建并落实保证公司永续发展的机制，让时间不断前行。

　　并且，优秀的造钟人会物色并移交权力给有能力的继任者，维护和完善所造之钟，使企业生命超越个人生命，步入长期发展的轨道。

　　从优秀的报时人到优秀的造钟人，能完成这个转变的经营者实属凤毛麟角。而贝佐斯是少有的成功者之一。当然，构建企业长久繁荣的机制和文化，这样的大工程，贝佐斯凭一人之力无法办到，以"S团队"为首的干部群体功不可没。

不要忘了，正因为贝佐斯热衷于以长远的思考来打造和领导亚马逊，才成功实现了"造钟"。

有一个词——"万年钟（10000 Year Clock）"，象征了贝佐斯的特质。而贝佐斯正在美国得克萨斯州的大山里建造这样的机械时钟。建造一座能在自己身后万年不息的时钟，创办一家能在自己身后不断成长的企业（亚马逊），这两件事背后的思想根源和行动热情是相同的。

■ 长久永续的企业"钟表"中隐藏"飞轮"

正如前言所述，贝佐斯提出了对企业成长尤为重要的3点因素。

- 以顾客为中心
- 发明
- 长远思考

本书多次反复说明，要时刻以顾客为中心，持续思考、钻研、发明、创新，必须做长远思考，不拘泥于短期利润。而保障这些原则的机制，就是贝佐斯建造的"时钟"。

"时钟"有一个关键部件，柯林斯称之为"飞轮"，并在《基业长青2：从优秀到卓越》中进行了详细论述。

"跃升为伟大企业的道路，无论结果多么戏剧性，都不可能一蹴而就。反倒像是朝着同一方向不停转动的巨大而沉重的飞轮。用力推动后逐渐起势，直到飞速运转，令人无暇思考。"

也就是说，一个伟大企业诞生的根本，是持之以恒的努力。至于这种努力如何巨大，效果又多么令人难以置信，柯林斯做了以下记述：

"想象一个巨大而沉重的飞轮，金属制，中轴水平安装。轮径约10米，厚度约60厘米，重约2吨。尽可能快地不断驱动这个飞轮……拼命推一下，飞轮只能移动几厘米。转动细微缓慢，几不可见。别在意，继续推，过两三个小时，飞轮终于转了一圈。继续推，转得快了一点。继续用力，第二轮终于完成。继续往同一个方向推。3圈、4圈、5圈、6圈……速度逐渐加快……50圈、100圈。

然后飞轮在某个点突破了临界。气势渐盛，旋转越来越快。飞轮的重量化作势能。推力并未增加，转速却越来越快。任何旋转都来自之前的努力，旋转因努力的积累而加速。1000

转、1万转、10万转，沉重的巨轮飞转，势不可当。"

■ 贝佐斯画在餐巾纸上的"飞轮原型"

柯林斯根据与贝佐斯等人的交流，将亚马逊最初制造的
"飞轮"图解（图4-1）：

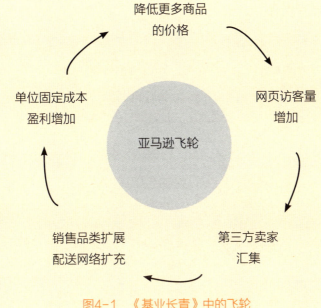

图4-1 《基业长青》中的飞轮

出处：《基业长青》（吉姆·柯林斯著、土方奈美译/日经BP社）。

不过，贝佐斯在创业初期就曾在餐巾纸上亲自画过一个
"飞轮"，但和柯林斯著作中介绍的稍有不同。在亚马逊新员

工培训班上，贝佐斯详细介绍了这一构成公司根本的"飞轮原型"。亚马逊称其为"良性循环"，不叫"飞轮"。

■ "飞轮"原型的起点是"顾客体验"

贝佐斯最初所画"飞轮原型"（图4-2）的重要起点依然是"顾客体验"。

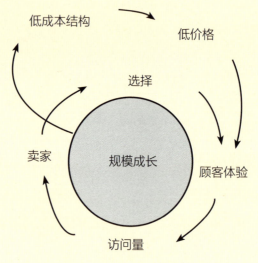

图4-2　贝佐斯"飞轮原型"

出处：亚马逊人员招聘网页。

亚马逊最早开展的业务是电子商务。若顾客访问电子商务网站的体验不佳，就不会再光顾第二次。反之，提供良好顾客体验的电子商务网站，顾客会再次造访。

在贝佐斯的"飞轮"中，从"顾客体验"出发的箭头指向"访问量"。它指出良好的顾客体验，可以带来访客数量的增加。

电子商务网站"访问量"增加后，吸引更多"卖家"入驻。以此类推，"卖家"越多，产品品类越丰富，顾客"选择"更多。最终箭头回到起点的"顾客体验"，形成闭环，构成贝佐斯画在餐巾纸上的"飞轮原型"主干。

但是，贝佐斯所画的提高"顾客体验"的要素除了商品的"选择"，还有一项，即规模的"成长"。规模成长形成"低成本结构"，带来"低价格"。这又进一步提升了"顾客体验"。

"低成本结构"是指，提升"顾客体验"的"飞轮"持续高速运转，业务量和收益随之攀升，产生规模效应，带动配送中心和平台系统等基础设施成本进一步降低。利用削减的成本继续投资，便可在确保一定利润的基础上进一步降低售价，这就是"低价格"，也是提升"顾客体验"的亚马逊"飞轮"的一部分。

■ 每日踏实工作

正如柯林斯所讲，"飞轮效应"的显现需要经过一个努力渐进的过程。我在亚马逊工作时真实感受到"每日都在踏实努力"。

大的目标，短期无法实现。企业活动一般是以销售额和利润额为成长目标。如沉重飞轮的转动，思考越长远，目标越宏大，短期内进展就越不明显。因此亚马逊的日常工作，就是寻找影响顾客体验的要素并细化目标。比如给商品品类、价格、配送速度等设定具体指标，日复一日地踏实改进和改善。我亲眼看到这些努力最终体现为长期销售额和利润。

为提升顾客体验，可以做的事数不胜数。商品品类、价格以及商品详细参数、网页响应速度、客服回应时间等，每位员工都在主动思考如何提升顾客体验。全球任何一家亚马逊公司，自成立那天起，每天都在做着同一件事，即改善每一商品范畴的顾客体验。

一次努力的效果或许很小，但是通过经年累积，一旦在某个节点抵达了柯林斯所说的"突破临界"，"飞轮"成功起势，便不会轻易停摆。当世界意识到时，亚马逊已经在"飞轮效应"下成长为超大企业，势不可当。

■ 始于"新闻稿和常见问题"的另一"飞轮"

在亚马逊工作期间，我还感觉有另一个"飞轮"在运转，并不断产生创新。和贝佐斯画在餐巾纸上的"飞轮原型"一样，这一个飞轮自1994年创业时便一直在运转，推动亚马逊成长，见图4-3：

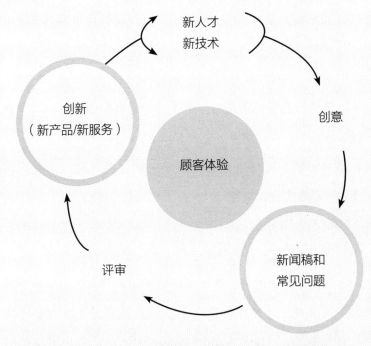

图4-3 始于"新闻稿和常见问题"的另一"飞轮"

注：图示为作者自绘。

满足顾客需求的创新想法，以新闻稿和常见问题的形式进行提案，通过评审打磨完善。随后投入资源，生产创新性产品和服务。在这个过程中，亚马逊会根据需要从外部引进人才。有时为引进新技术，亚马逊会整体收购有发展前景的风险企业及其优秀人才。公司内部人才也通过参与创新学习到新技术和新能力。外部引进人才和内部人才一起又继续产生新的创意，再通过新闻稿和常见问题进行提案。这又进一步带动员工积极思考新创意，撰写新闻稿和常见问题——我亲眼看见这个推动创新的动力"飞轮"在亚马逊高效运转。

"飞轮"的轴心承载着一个无可辩驳的坚定使命——"提升顾客体验"，它驱动着飞轮永不停歇地运转。

本书介绍的亚马逊各项机制就这样有机联结，构成创新"飞轮"，形成良性循环。

"机制"带来创新的飞轮效应，造就了一个创业27年后（2020年度）销售额高达3860亿美元的巨型风险企业。

抱有创新难题的日本企业往往专注探索"应该朝哪个方向努力"。但是，还请关注适合创新的机制和做法的重要性，即打造创新的"飞轮"。重要的是，要明白踏实积累面向创新的小努力，终有一天会掀起大浪潮，并有意识地推进相关活动。

无论贝佐斯是多么优秀的创业者，S团队能力如何卓越，少部分人不可能进行如此众多的创新。正是因为创新成为整个公司的文化，形成了全员参与的创新浪潮，这一切才得以实现。

■ 构建下一代事业成长"飞轮"

亚马逊通过构建和运转"飞轮",实现了惊人的成长。当然,这样的情景不只发生在亚马逊。

在日本,索尼和松下电器产业(现在的Panasonic)曾经抓住电子产业急速发展的机遇,迅速成长为全球性企业。它们通过生产独具特色的高质量产品,迅速在不断扩张的市场上树立起品牌形象,赢得全球顾客的青睐。它们将利润进行再投资,用于开发下一代特色产品。受其魅力感召,一批有抱负的人才汇集而来。这样的"飞轮",曾经在日本的电子产业强力运转。

贝佐斯2021年7月卸任亚马逊首席执行官,退居二线。或许有人顾虑,亚马逊的创新不会就此停步吧。当然,不能说可能性为零,但假设亚马逊停止成长,也不会是因为缺少了天才贝佐斯。假设亚马逊成长失速,则应该是"造钟人"贝佐斯打造的"飞轮"出现瓶颈,导致运转不畅,甚至停摆。这就是贝佐斯说的"第2天"状态。

终章

为什么现在个人和企业都需要提高创新能力？

前几章记述了"亚马逊激发创新的机制"，也称"亚马逊创新机制"。

最后请容许我谈一谈为什么选择现在这个时机出版此书。

一般认为，日本企业在过去的30年间未拿出足够的破坏性创新成果。

考虑到创新浪潮来临，我认为今后创新能力会越来越重要，对任何公司、任何员工来说均是如此。无论是日本企业还是外国企业，也无关行业种类和公司规模，需要创新能力的潮流不会停止。

当然，日本有一些世界一流的先进技术。小行星探测器"隼鸟2号"的壮举表明，在有些行业领域，日本企业的产品、服务依然引领世界。如果创新能力不高做不到这些。

但是，虽然多数日本企业有意愿进行创新，但在过去的30年间，却没能成功开展带来经济增长的破坏性创新，所以被称为"失去的30年"。

选择避险的本能

为什么日本缺少破坏性创新？这背后有两点原因。

一是决策判断标准。面临多个选项时，人们往往衡量预期风险和期待回报后再下决策。

正如第3章分析，决策判断时，人类有本能避险（Risk averse）倾向，日本人尤其严重。

首先简单说明避险。

假设有以下两个选项：

（1）100%概率获得10万日元。

（2）85%概率获得13万日元。

大家会选哪一项？

选（1）的人居多吧？多数人因为选项（2）有15%概率一无所获的风险，而选择了能确定获得10万日元的选项（1）。这就是避险。当然，每个人的判断不同，也有人会选（2），只是不占多数。

下面比较一下两个选项的期待值。

（1）的期待值：10万日元

（2）的期待值：13万日元×85%=11万日元

也就是说，（1）的期待值＜（2）的期待值。但是，对选（1）的人来说，"确定到手10万日元"没有不确定的风险，更惬意。越是觉得10万日元重要越是确定选（1）。

本书介绍的亚马逊机制，多数做法违背避险本能。

亚马逊克服避险本能的做法

第3章介绍的"兼顾'数据'与'判断'"的做法，是指有些项目短期难以盈利，但长期判断可通过规模扩大和效率提升成功实现商业化，所以予以立项并积极推进。这违背了避险本能，因为短期难以盈利是"确定"的，而长期的成功商业化是"不确定"的。所以，对避险倾向较强的组织和个人来说很难选择长期判断。

并且，第4章提到贝佐斯说"失败规模应随公司规模扩大而扩大"，也违背了避险本能。因为这句话有一个重要前提，即"即使新事业多有失败，但一次大的成功所获利润足以弥补多次失败的损失"。但是，避险本能认为"一次大的成功"发生与否是"不确定的"，是有风险的。即使组织和个人从理论上能理解贝佐斯的主张，付诸实践者却极为有限，就是因为避险本能在施加影响。

日本企业有一个时代实行终身雇佣制，员工晋升论资排辈。一般而言，对在日本大企业工作的个人来说，比起冒险挑战新事业，从事现有事业的风险要小得多，并且这个选择有望受益终生。

对于大企业的管理层来说，个人在位时间有限，固守现有核心事业风险小，收益稳定。所以，他们一直以来都将顶尖人才和资金投入核心事业，未全力挑战伴有风险的破坏性创新。

这就是日本企业这30年间未能产生破坏性创新的第一个原因。

可以终生不选择挑战的时代

实际上，40～50年前的美国也是如此。在大企业工作，避开新事业这一选项，风险小，报酬足，因此导致多数员工和管理层选择没有挑战的项目。

因为过去美国大企业的寿命要比现在长得多。

请看图5-1。根据2017年瑞信（Credit Suisse）发布的数据，"S＆P500（标准普尔500指数）"记录的美国主要上市公司在20世纪50年代的"平均寿命"超过60年。

这就意味着，如果当时能在"标准普尔500指数"的大企业就职，极有可能顺利迎来退休，拿到企业年金，一生金钱无忧。在这种情况下可以说，长期从事低风险的现有事业具有合理性，而主动投身前途未知的新事业较为冒险。从职业生涯收入的视角看，是不必要的冒险。

结果是，"标准普尔500指数"企业的平均寿命在20世纪50年代超过60年，现在已经不足20年。

企业寿命（年）

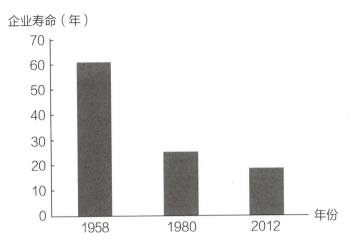

出处：瑞信股票调查（Credit Suisse Equity Research）

图5-1 "标准普尔500指数"企业寿命变化

美国大企业平均寿命缩减至1/3

然而，企业的幸福时代在美国并没持续太久。

这体现在"标准普尔500指数"企业的平均寿命急剧缩短，20世纪80年代不足30年，2012年不足20年。短短40～50年间，大企业的平均寿命降至不到之前的1/3，这一巨变让人吃惊。难以为继的企业并非只有破产一条路，也有一些接受了并购。无论哪一种，它们都不再独立存在，这一点上没有差异。

大企业之所以如此短命，原因在于外部技术革新的速度加快，破坏性创新频发导致大企业现有事业不断衰落。与此同时，谷歌、苹果、脸书、亚马逊和微软，这五家企业和特斯拉公司以技术革新为后盾，发起创新，急速成长起来。

在这一轮浪潮中幸存下来的大企业，开始自发摸索创新之路。它们逐渐改变顶尖人才分配至核心事业的惯例，对顶尖人才的要求标准也在发生改变。在个人层面，越来越多的人有意识提升自身能力，以适应新时代的人才标准，并不再追求长期服务于一家公司。若有必要，他们就会跳槽，积极挑战新的工作。

日本企业平均寿命7年翻番

转过来看，日本怎样呢？请看图5-2。

令人惊奇的是，在2010—2017年，日本上市企业平均寿命翻番，2017年达"89岁"。虽然这和上面美国企业数据统计的时期不同，但依然可以看出日美趋势正相反。

和同时期美、英、德等国相比，日本企业寿命"一枝独秀"，呈上升趋势。原因可能有几点，比如日本很少发生企业并购、创业率低、没有新生势力对老企业发起冲击、现有企业生存能力强等情况。但我认为最重要的原因，无疑是在日本没有出现美国那种"频繁发生的破坏性创新导致大企业现有事业持

企业寿命（年）

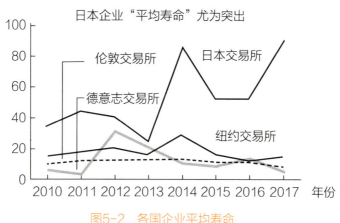

图5-2　各国企业平均寿命

注：根据企业平均上市时间和世界交易所联盟数据算出。

出处：《日本经济新闻》2018年11月18日《小型化的日本企业：寿命长代谢慢》。

续衰落"的现象。证据是日本大企业总市值全球排名不断下降。

　　平均寿命短暂化的浪潮率先在美国兴起，应该也将波及日本。假设今后日本不发生企业平均寿命短暂化现象，那么"失去的30年"大概不会结束，将延续至"失去的40年、50年"。

　　当然，并不是说要以平均寿命短暂化为"目标"，它只是作为衡量是否产生破坏性创新的一项"指标"。

　　最理想的情况是，日本企业平均寿命持续增长的同时，从现有企业内部产生创新，以更强大姿态发生变革。美国沃尔玛（WalMart Inc.）就是一个很好的例子。它通过为现有零售业导入线上业务，重拾事业成长势头。为催生此类成功案例，对日本企业和员工来说，第一要务是掌握创新的能力和技能。

创新平台浪潮

接下来谈一谈日本企业在过去30年间未能拿出足够创新成果的第二个原因。

美国方舟投资管理公司，因专注于投资破坏性创新企业获取巨额回报而备受关注，其强大的调查能力世界公认。

方舟曾对18世纪80年代以后发生的"成为创新平台的技术革新"及其带来的巨大冲击进行了介绍。

这家公司表示，能够成为"创新平台"的技术革新必须满足以下条件：

- 成本迅速降低，需求急剧扩大
- 影响多个行业和地区
- 成为后续技术革新和创新的平台

18世纪末的"蒸汽机（Steam Engine）"，19世纪的"铁路（Rail ways）""内燃机（Internal Combustion Engine）"等技术革新成了创新平台。

20世纪初，"电话（Telephone）""汽车（Automobile）"
"电气（Electricity）"三大技术革新浪潮从根本上改变了"沟
通手段""移动、运输手段"以及"能源方式"，给我们的生
活和世界经济带来了巨大冲击。

当时，日本产业在创新平台所衍生的事业领域取得了巨大
成功。具体来说，汽车产业、重电机器产业、电子产业等都是
日本的优势产业。日本经济以这些产业为中心不断扩大规模，
直至1990年左右。

而在1980年前后，"计算机（Computers）"和"互联网
（Internet）"开始出现，成为新的创新平台。这两大平台的影
响波及各个行业，遗憾的是，日本企业未能在这一领域取得领
先，在这两大平台所衍生出的众多新技术、技术应用和新事业
创造上，日本都没有占据优势地位。

这是过去30年日本企业未能取得良好创新成果的第二个
原因。

由于没能赶上这股浪潮，日本很难发生破坏性创新。结果
就是日本上市企业长寿化和总市值全球排名退后这两大现象同
时出现。

5股浪潮来临，为日本带来绝佳机会

2010年左右，5大创新平台不约而同卷潮而来，这对未来尤为重要。可以预测，它们给经济和人们生活带来的冲击，将超过计算机和因特网。

也就是说，现在正是乘风破浪的绝佳机会。这5大创新形式如下：

- 能源存储（Energy Storage）→自动驾驶、蓄电池系统
- 人工智能（Artificial Intelligence）→神经网络、便携式网络设备、云技术、物联网（IoT）
- 机器人技术（Robotics）→自适应机器人、3D打印、可回收复用火箭
- 基因组分析（Genome Sequencing）→测序技术、基因组编辑、免疫疗法
- 区块链技术（Blockchain Technology）→区块链、便捷转账

5大创新平台包含14项革新技术。利用这些技术的新事业层出不穷，所以这些词对很多人来说耳熟能详。

如今已没有与"破坏性创新"无关的工作

汹涌而来的上述5大创新平台及其裹挟的技术革新浪潮，将广泛影响所有行业。没有哪个行业是与这五大浪潮完全无关的世外桃源。

因此，现在任何企业和个人，都不能认为正在进行的技术革新与自己无关，不能置身事外。如果是受规则保护的行业、进入壁垒较高的行业、需要资格、执照的行业等，或许会较晚迎来革新的浪潮。但是，浪潮来临只是时间问题，如果毫无防备，后果将无法挽回。

相反，如果你现在所从事的行业与创新平台完全无缘，那真是万分幸运。在现有事业的延长线上不断改进，输给后来者的可能性极小。不过，我暂时还想不出与创新平台浪潮完全无缘的行业。

日本企业如果能积极接受这股浪潮，主动用活这些革新技术，千方百计为顾客提供新的价值，就有机会挽回"失去的30年"。正因为如此，无论从事什么行业、什么工作，都应该学习革新技术，并将其应用于创新。

日本曾在音视频信号数字化领域领先世界

正如方舟投资管理公司所介绍的那样，当今时代有5个大型技术创新平台齐头并进。也许有人想到今后社会将要发生的变化，感觉无所适从。

回到1990年前后，也就是"失去的30年"开启的时候。当时，我在索尼担任技术人员，正值影像音响等相关产品从模拟信号不断向数字化转换的时期。

记录、播放模拟信号的唱片和磁带被记录、播放数字信号的光盘和微型光盘所取代。现在无论是静止图像还是视频、语音，都很难找到非数字化记录方式。"从模拟信号到数字信号的转变"始于20世纪80年代，当时引领这一世界潮流的，毋庸置疑是以索尼为首的日本企业。

但是在数字技术领域优势明显的日本企业，面对互联网和计算机创新平台的浪潮，却完全落后于美国的初创企业。看看音乐流媒体以及"油管"、网飞（Netflix）、亚马逊电子书等的崛起，便一目了然。

在那个日本数字信号技术领先世界的时代，我是众多技术人员之一。当时我无从知晓创新平台的浪潮，但清晰记得数字化告一段落时，自己因无法确定下一步的研发主题而焦虑不已。结果，我考虑了2年也没能找到自己愿意持续10年投入精力的课题，正是在那个时候我决定结束技术人员职业生涯。

现在回想起来，当时的计算机、互联网浪潮已经来到。我也明白了自己当时之所以陷入死胡同，是因为拘泥于硬件技术，视野狭隘。

在那个变革时期，当时索尼的管理层是怎么想的呢？在写本书的过程中，我再次对此产生了兴趣。

我想起了1992年1月以"范式"为主题召开的公司内部"管理会议"上，已经83岁高龄的井深大先生面向2400名干部发言。日刊工业新闻社旗下网站"NEWSWITCH"上仍留有当时井深大先生说的话。1992年，我还在索尼工作，但没有资格参加"管理会议"。但是，当时年轻的技术人员也都知道，井深大先生在会议上明确表示"数字化不是范式转移"。

索尼创始人预言了"硬件向软件的转换"

所谓"范式"，是指"在某个时代或领域成为统治性规范的'对事物的看法和理解方式'"。"范式转移"一词是指在时代的变迁中范式被颠覆，这在当时一度成为热门话题。这本是一个很难理解的概念，但井深大先生的说明却浅显易懂，记述如下：

"大众深信不疑之事便是范式，但范式绝不是真理，也不会永久持续。"

下面，请允许我继续引用井深大先生的发言。

所谓的"数码、模拟"，不过是工具，这甚至不能算是真正的技术革新。我认为，以此为新范式未免太过狂妄。

我所认为的范式到底是什么呢？现在，以物质为中心的科学已经万能化，全世界的人都被笛卡尔和牛顿构建的"科学"一词欺骗了。

当然，今天的经济和索尼的繁荣也是建立在这种被欺骗的范式之上。我们必须打破现代科学的范式。当今世界，已经到了只靠物质科学难以立足的时代。

什么意思呢？笛卡尔说过"物质和心灵是二元独立的"。

而我认为，物与心，或者人与心，是表里一体的，这是自然的姿态。

这种认知是打破现代科学范式的最大关键。在这种情况下，我们应该生产什么样的商品，要不要生产刚才所说的顾客满意的产品，这是人心的问题。从硬件到软件，产生了很多人类"心灵"之物，但说起软件，还是有很多人不知为何物。

软件有各种各样的意思。更单刀直入地满足人心，这才有科学之所以成为科学的理由。所以不考虑这些问题在21世纪是行不通的，希望大家记住这一点。

依我的理解，井深大先生的发言是在说"'从模拟到数字的转换'仅仅是工具的转移，不能称为'范式转移'。不从单纯物的生产向满足人心转移，将失去未来。而关键是软件"。

换句话说，推翻"物与心存在于不同维度的范式（常识）"，向"物与心表里一体存在的范式（常识）"转移的时机已到。我将井深大先生的观点与创新平台浪潮结合起来，概括如下：

以蒸汽机和铁路的发明为开端，在科学技术不断发展的过程中，人类过去大部分物理层面的不满已经得到解决。有了汽车和飞机，就能轻松见到从前难得一见的人；有了电话，即使不能见面，也能进行交流。在互联网和计算机的创新平台之前，这些物理层面的不满多数已经被消除。这些不满在被消除前，物与心被认为是平行的独立存在。

当物理层面的需求得到满足后，要想确定下一步方向，就应该站在物心一体的认识之上。而且，科学应被应用于最先感到未被满足之人群的内心需求，为其提供解决方案。而使之成为可能的正是软件。

我认为井深大先生是想传达这样的信息。而且，软件在互联网和计算机创新平台的衍生技术革新中发挥着非常重要的作用。

读了这篇文章，我不由得再次为其思想的前瞻性感到惊叹。井深大先生当时已经意识到，数字化来临后，接下来的工作应该是满足人类内心的需求。为此，不单单是硬件，在下次技术革新浪潮中，软件也将扮演极重要的角色。

事实证明，"美国科技界的四大巨头"（谷歌、苹果、脸书、亚马逊）正是通过向顾客提供"未曾想'能实现'，'若能实现会很幸福'"的新体验而获得了成功。在社交网络上和别人分享令自己感动的风景和体验所带来的喜悦与随时随地、随心所欲地在云端之上享受内容的便利，可以说是从人类内心需求出发的构思和以顾客为起点的服务。这些服务都是以互联网和电脑软件的形式得以实现。

在硅谷目睹"意识到却追不及的浪潮"

井深大先生发言之后过了几年，到了20世纪90年代后半期，"互联网、计算机、软件"技术革新提供的新价值，开始被多数人清晰认识到这是一次威胁或机会。当时，我在美国硅谷做咨询顾问，曾受托为多家日本大企业提供咨询，以引进在美国发生的互联网和软件领域的创新。我们一起探访了与各公司战略相关的有实力的风险企业，讨论投资与合作。

也就是说，当时很多日本大企业已经注意到了变化，并开始采取行动。然而，据我所知，没有一家能够站在互联网和计算机创新平台浪潮的顶端。

现在正在发生的5个创新平台，状况与当时的机会相近。也就是说，多数大企业的干部或风险企业的经营者和技术人员，都知道浪潮已经到来。而且照现在的情况发展下去，日本企业很有可能依然无法站在浪潮的顶端。

向亚马逊学习如何赶上创新平台的浪潮

那么，如何才能站在浪潮顶端？起步稍晚怎样才能赶上呢？其中一个答案在亚马逊。

因为亚马逊抓住并驾驭互联网和计算机的创新平台，成功实现了事业成长。并且，亚马逊并没有止步于此，而是利用人工智能、云技术、机器人技术，继续站在接下来的5大创新平台浪潮的顶端。率先自主研发亚马逊云科技、语音识别人工智能"亚历克萨"、无收银店铺、物流仓库自动化机器人等就是最好的证明。

这并非偶然，背后是使之成为可能的机制。并且，通过学习这些机制，亚马逊可以高概率捕捉多数日本企业、创业者尚未意识又难以捕捉的浪潮。

本书所介绍的亚马逊持续创新机制，也是亚马逊能够在创新平台浪潮中始终扮演弄潮儿的秘诀。

这里再次介绍其中的一部分：

- 利用新闻稿和常见问题，通过以顾客为起点的"逆向工作法"思考新的解决方案。更多员工参与这一过程，更多创意被发掘。
- 以"制度性通过"肯定并最大限度推进被发掘的创意。
- 研究解决方案，不仅要考虑此时已拥有的能力，还要考虑引进新的革新技术。
- 认识到新事业多数会失败，进行大量实验。
- 认识到棒球本垒打最高只能得4分，但商业本垒打有可能得1000分，不断尝试。

综合以上机制，企业就能乘着新的创新平台浪潮，从众多的失败中孕育出巨大的创新。以顾客的潜在需求为出发点，仅靠现有技术是不够的。为此，有时需要引进新的创新平台衍生的革新技术，并以此成功赶上新的创新平台浪潮。

我们也要知道，如果避险倾向太强，即便道理上明白也很难执行。在亚马逊机制中，有些要求使用者改变决策判断标准，否则在实践中很难提高效果。

但是，很多日本企业，特别是大型企业，条件优于1994年创业时的亚马逊。在资金实力方面，以贝佐斯初创亚马逊时的事业规模，很多日本企业有能力同时开展多个。也就是说，如果能够实践贝佐斯所说的"与本公司规模相匹配的失败"，那么很多企业都能从中创造出顺应创新平台浪潮的业务。另一方面，如果只开展"必然成功"的事业，则极有可能落后于潮流，坐视别人成功。过去的索尼，为了给社会提供新的价值，即使被称为"小白鼠"，也坚持不懈持续进行实验和挑战。当今时代越来越需要这样的企业和人才。

变革决策判断标准的机制

从索尼离开后，我先后在思科系统、通用电气、亚马逊这三家美国龙头企业工作过。在此期间，我从未觉得日本的领导层人才素质不如美国。

当然，像亚马逊的杰夫·贝佐斯、通用电气的杰克·韦尔奇（Jack Welch）、思科系统的约翰·钱伯斯（John Chambers）这样的企业家在日本并不多。但同样，像索尼创始人井深大先生、盛田昭夫先生、松下创始人松下幸之助先生、本田技研工业创始人本田宗一郎先生这样级别的经营者也不多，这是一回事。

和美国的高层管理者相比，日本的高层管理者未能取得什么成果，那不是能力的问题，而是20世纪80年代之前的巨大成功延缓了之后的变革。通过相应的"机制"和"做法（习惯行为）"可以有效打破这一局面。改变公司的"机制"和"做法"，"环境"也会随之改变，员工便能更好地发挥自己的能力。

本书所介绍的机制，并不仅仅作为程序引入，在实践过程中，还需要改变决策方法和判断标准。具体来说，就是要做出违背本能的决策。人们有避险本能，比起"期望值大但有风险的选项"，往往选择"期望值小但确实能到手的选项"。人们往往还有双曲贴现心理，倾向于选择"短期可得"而不是"长期回报"。

实践违背本能的决策，即使道理上理解，做起来也非易事。培养、起用不被避险本能和双曲贴现心理左右，并能逻辑表达的管理干部，进行小组讨论，不搞一言堂决策，可以有效解决这一问题。

此外，亚马逊不将现有核心事业视为圣域。日本企业要想引进这种做法，也需要进行巨大的意识改革。设定符合本公司目标方向的行为规范不失为一个好的对策，届时除制定机制落实行为规范外，还要对人事制度进行改革。

我介绍了"亚马逊创新机制"，希望能帮助所有规模和行业的日本企业产出更多世界通用的大规模创新。这将带来人们关于经营管理和工作中思考方式的变革，使人们能够跟上创新平台浪潮。而且，这不仅适用于企业，也适用于大学、研究机构等所有与创新相关的组织。

"不接受自身蚕食的公司"和"不接受自身蚕食的社会"

日本要想在世界上率先进行破坏性创新，并将其作为商业活动推向世界，还有一个大问题。

破坏性创新一旦发生，现有业务就会因此衰落。日本社会很难接受这种事态发生，便会加以限制，导致新事业难以成长发育。成立于美国的爱彼迎（Airbnb）和优步（Uber）就是最好的正面例子，如今它们已经成长为世界性大企业。

但是，如果这两项事业在日本创立，则很难在重重限制下顺利成长。实际上，在本书执笔的2021年10月，两家公司虽然已经进入了日本市场，但其活动非常有限。除经济特区以外，爱彼迎年营业天数均在180天以内，无论如何努力都不会超过50%。因与出租车产生竞争，优步几乎没有开展拼车业务。只有优步（外卖）被允许运营，因为不会有像出租车这样的现有事业受到影响。众所周知，多亏了优步的存在，很多餐厅在新冠肺炎疫情下开始了外卖业务，缓解了经营困难。

既有亚马逊这样欢迎可能造成公司自身蚕食的新事业的企业，也有不允许自身蚕食的企业，而大多数日本企业属于后者。如果换到国家层面的大框架中，就会发现有"接受自身蚕食的社会"和"不接受自身蚕食的社会"，日本就是不接受自身蚕食的社会。

美国和中国都在朝着加速变革的方向制定规则。美国国会也开始讨论需要对五巨头进行限制，但这并不是开始限制创新。美国国会讨论认为五巨头垄断数据，不断收购初创风险企业，恐将阻碍竞争，妨碍创新，应对这一不当现象加以限制，其中甚至出现了解体论。对于是否真有这种危险，有人持不同意见，但我认为这是一种健康的讨论。

请容许我最后提出，虽然企业和个人层面无法控制，但"不接受自身蚕食的社会"，作为创新环境确实存在问题。

本书出版发行，承蒙日经BP社的各位关照。在此我要诚挚感谢日经商务电子版主编山崎良兵先生、日经商务跨媒体主编池田信太朗先生以及本书编辑小野田鹤先生。